KB265135

‘딩굴이’가 꿈꾸는 세상
– 희망의 문 열고 평화의 길 간다

‘딩굴이’와 ‘뒹굴이’
저자의 어릴 때 별명은 ‘딩굴이’다.
그러나 딩굴이의 표준말은 뒹굴이다. 다만
사람들의 발음으로는 딩굴이가 보통이다.
따라서 책의 제목을 딩굴이로 했다. 딩굴이
는 청원에서 뒹굴고 뛰놀며 자란 저자의
고향사랑을 표현한 것이다.

'덩굴이'가 꿈꾸는 세상
– 희망의 문 열고 평화의 길 간다

손병호 지음

미래문화사

나눔의 실천에 앞장 서는 일꾼

이수성 전 국무총리

옛 사람들은 개인의 인간됨을 평가하는 기준을 신언서판身言書判이라 했다. 보기 좋은 인상, 차분한 언변, 교양 혹은 학식 그리고 분별력을 갖춘 사람을 뜻하는데 이 기준으로 하면 그는 분명 신언서판을 두루 갖춘 사람이라 할 수 있다. 그러나, 내가 손병호를 믿고 존중하는 이유는 외면적인 조건 때문이 아니고 그 내면적 인격의 아름다움 때문이다.

그의 인상은 언제 보아도 밝고 부드럽다. 애써 관상학으로 가늠하지 않더라도 미상불 좋은 얼굴인데다 키 역시 50대 중반 세대로는 훤칠한 편이다. 그가 하는 일의 많은 부분이 강연인데 강단에 서면 막힘이나 흔들림 없이 청중을 설득할 수 있다. 왜냐하면 그의 강연은 입이나 머리가 아니라, 마음에서 우러나오는 것이기 때문이다.

　그는 박사다. 박사학위가 반드시 인격에 대한 증명서가 되는 건 아니라 하더라도 적어도 그는 상당한 수준의 교양인이다. 국내뿐 아니라 세계를 상대로 하는 NGO조직의 지도자로서 오랜 경력을 쌓은 점으로 미루어 보면 세상과 시대에 대한 인식의 깊이를 짐작할 수 있다. 희망청원봉사단 이사장, 한국다문화지원협의회 상임대표란 직책은 그의 인생철학을 대변한다.

　법이 정한 기준으로 '노인 세대'에 이른 사람들 사이에서는 비록 상투적이기는 하지만 여생의 행복 조건으로 다섯 가지가 꼽힌다. 건강과 아내와 재화, 그리고 취미생활을 포함한 일과 친구가 바로 그것이다. 물론 50대 중반의 손병호로서는 아직 노인 세대의 그런 행복조건을 따질 때가 아니다. 그러나 어느 세대이건 간에 그 다섯 가지 조건을 얼마나 충실하게 갖추었느냐에 따라 삶의 질이 결정되기는 마찬가지다. 그런 보편적 관점으로 보면 손병호는, 적어도 현재로서는 복 받은 삶을 누리고 있는 사람이다. 아니 그 외에도 남을 위하는 일에 행복을 느끼고 언제나 겸손하기까지 하다.

　그는 건강하다. 나의 눈으로는 나이보다 훨씬 젊어 보인다. 일주일이 멀다 하고 국내외 출장길에 오르지만 피곤해하는 기색을 본 적이 없다.

　몇 차례 만나 본 그의 부인은 밝은 인상일뿐 아니라 친화력이 뛰어난 여성분임이 분명하다. 그런 분을 어머니로 둔 자녀들의 몸과 마음이 건강하고 건실할 것임은 보지 않아도 짐작할 수 있다.

　그는 생활인으로서 사회 활동에 지장이 없을 정도로 비교적 안정적인 가계家計를 꾸리고 있는 것으로 알고 있다.
　그가 자기 일에 얼마나 혼신의 노력을 기울이는가는 긴 설명이 필요 없을 것 같다. 무수한 강연 일정에 따라 국내에서 숱한 지역 순회는 물론 해외로도 자주 출장을 나가야 한다. 그가 그처럼 바쁘게 치러내야 하는 '과업'은 한 마디로 평화 운동이다. 사람에게 가장 필요한 것은 평화와 행복이다. 그의 움직임 하나하나가 모두 '평화 행동'이라고 해서 지나칠 게 없다. 아무나 감당할 수 있는 일이 아니다.

　친구 간의 신의도 그렇다. 내가 알기로는 그는 부박浮薄한 교유交遊를 하는 사람이 아니지만 돈독한 우의友誼를 나누는 벗은 주변에 포진해 있다. 몇 해 전 그가 부친상을 당했을 때 장례식장에 지위고하와 경제적 수준에 관계없이 몰려든 문상객들의 숫자와 면면을 통해 나는 이를 확인했다고 할 수 있다. 상가가 서울에서 멀리 떨어진 그의 향리 청주의 병원 장례식장이었는데도 평소에 그를 좋아하고 뜻을 함께하는 사람들이, 말 그대로 경향 각지에서 구름처럼 찾아와 상주인 그를 위로하는 것을 보고 그가 지닌 인간성의 깊이와 폭을 다시 한번 실감할 수 있었다.

그가 이번에 저서를 세상에 내놓는다. 책의 내용은 시사 칼럼이 대부분이다. 오늘의 우리 사회에 대한 그의 단편적 논평이라고 할 수 있겠는데 스스로의 인생 궤적에 대한 고백도 포함된 듯싶다. 문자로 삶을 고백하거나 생각을 풀어내고 싶은 것은 사람의 자연스러운 욕망의 하나라고 볼 때 그가 저서를 출간한 것은 하나의 정신적 정화淨化를 위해서가 아닐까 하는 생각을 하게 된다. 그가 그 바쁜 일상의 와중에서도 오랫동안 머리와 가슴에 묻어 두었던 생각과 감회들을 진솔한 언어로 표현하고 그걸 묶어 한 권의 책으로 엮어내 인생을 진지하게 살아온 발자취를 일독하는 것은 내게도 기쁨이요 감동이다. 그가 인생을 진지하게 살아왔다는 증거로서 소중하다고 아니할 수 없다.

그가 태어나 소년 시절까지 자란 곳은 충북 청원군의 농촌이다. 그는 객지 생활을 하는 동안에도, 그리고 지금과 같은 바쁜 일상 속에서 촌음의 시간이라도 나면 고향으로 달려가 부모님께 인사드리곤 한다. 참으로 효자이며, 그의 고향 사랑 역시 효심과 같은 맥락이다. 그러나 그의 마음은 단순하게 전통적 효도라고만 설명되지 않는다. 세계를 상대해 일하지만 그는 어쩔 수 없이 충청도 촌놈이며 동시에 자랑스러운 '청원 사람'이다.

그는 '나눔'의 실천에 앞장서는 사람이다. 이로 미루어 보면 그가 새삼 정치에 관심을 갖는 이유를 짐작하기 어렵지 않다. 정도正道의 정치야말로 나눔 사회를 만들어가는 첩경이라는 것이 그의 일관된 신념이라고 말해 왔기 때문이다. 직업 정치꾼들이

독점한 오늘의 한국정치를 생활인에 의한 생활정치로 바꾸는 데
한 알의 밀알이 되겠다는 그의 생각을 나무랄 수 없다. 저서 출간
과 함께 시작될 그의 향후 행로에 많은 분들의 신뢰가 쌓이기를
기대한다.

봉사의 삶을 다짐하며

책 출간을 위해 원고 정리 작업이 한창이던 무렵, 어느 지방 방송의 특집 프로에 초대 손님으로 출연한 적이 있었습니다. 프로그램이 진행되는 동안 사회자와 여러 가지 애기를 주고받는 가운데 답변 하기가 매우 조심스러운 두 가지 질문을 받았습니다.

"많은 사회활동을 하고 계신데 특별한 이유라도 있습니까?"
"맡고 계신 일들의 공통점을 찾으라면 이웃과의 나눔이라고 할 수 있겠는데, 아름다운 세상이란 무엇입니까?"

저는 첫 번째 질문에 이렇게 답변했습니다.
"지금 우리 사회의 모든 분야에서 분열과 대립을 청산하고 소통을 통한 화합, 봉사를 통한 협력의 기풍을 확산시키는 일이 가장 긴요합니다. 제 사회활동은 그런 소신을 실천하기 위한 것입니다.”

두 번째 질문에는 이렇게 말했습니다.

“국내외적으로 볼 때 현대 사회가 직면한 가장 큰 문제는 양극화입니다. 잘사는 나라와 못사는 나라, 부자와 빈곤층의 생존 조건은 말 그대로 하늘과 땅 차이나 다름없습니다. 이런 상황을 감안해 보면 원조받던 나라에서 원조를 하는 나라가 된 우리 대한민국은 이제 나눔을 실천하는 세계적인 모범국가가 될 수 있는 조건을 갖춘 셈입니다. 반드시 종교적 관점이 아니더라도 나눔의 실천을 통해 사랑이 충만한 세상이 진정으로 아름다운 세상입니다.”

책의 머리말을 쓰면서 언론과의 인터뷰 내용을 인용하는 이유는 다른 데 있지 않습니다. 서툰 솜씨의 글들을 통해 제가 일관되게 주장하려는 것을 압축해 보면 방송 프로그램에서 시청자에게 드린 말씀과 그다지 다르지 않을 것이기 때문입니다.

책의 1부에는 제 삶의 궤적을 담아 보았습니다. 일종의 자전적 에세이 형식의 글을 제1부로 상재上梓한 이유는 첫 저서를 세상에 내보내는 필자의 입장에서 독자 여러분께 정중한 인사를 올리기 위해서입니다. 가감 없이 기록한 자기 고백입니다만, 읽는 분들은 어떻게 이해하실지 걱정부터 앞섭니다. 부족한 사람이 그런 대로 성실하게 열심히 살아 왔다고 보아 주신다면 그 보다 더 큰 영광이 없겠습니다.

제2부에 실린 글들은 지난 몇 년 동안 인터넷 매체 등에 올린 시사 논평을 모아 편집한 것입니다. 국내외 이곳저곳을 다니며 강연을 하기에 앞서 필요한 자료를 수집하는 과정에서 그 때 그 때 제기되고 부각되었던 정치 사회 경제 등 제반 현실문제에 대해 나름대로 해석하고 판단한 개인적 논평 성격의 글들입니다. 제3부의 글은 민족사적으로나, 세계적 상황에서도 긴요한 남북한 간 평화 통일에 대한 저의 신념과 제안들 입니다.

그러나 바쁜 일정 때문에 시간적인 제약을 받은 데다 전문적으로 천착하기 어려운 분야도 있어 논평이라고 하기에는 부끄러울 만큼 부실한 내용의 글도 적지 않습니다. 더구나 글속에서 적시한 것들이 시간의 흐름과 함께 그 의미가 달라진 것들도 없지 않습니다. 이 점 감안하시고 읽어 주시길 바라는 마음입니다.

두서없는 글을 치밀하게 읽고 의견을 보내주신 조규석曺圭石 전 세계일보 논설실장님께 깊은 감사의 말씀을 드립니다. 아울러 부족한 글을 보기 좋은 한 권의 책으로 편집, 발간해주신 미래문화사 임종대 사장님과 편집진에게도 감사드립니다.

2011년 여름

손 병 호 삼가 씀

제2부 **더불어 함께 하는 삶**
- 손병호의 세상읽기

제1장 공의의 길 - 인간의 존엄을 위한 바른 사회로

나눔의 삶, 봉사의 보람

'공의 공교육'의 체계 개선

제2장 공생의 길 - 성장과 분배 균형이루는 공생의 경제체제로

서민을 위한 경제 시스템

갈등을 넘어 상생으로

공기업의 책무

녹색 공존의 길

제3장 공영의 길 - 소통과 참여의 생활정치로

제3부 **평화통일의 길**
– 협력과 실리의 통일 · 외교로

통일의 길을 닦자 - 착실하게, 그러나 단호하게

통일 정책, 무엇이 정답인가

국제 평화외교와 평화협력의 길

맺음말

희망의 문
평화의 길

– 손병호의 어제 오늘 내일

"제 고향은 충북 청원입니다"

미호천은 내 꿈의 원천

　낯선 사람과 인사할 때 서로 고향이 어디냐고 묻는 것이 대단히 조심스러운 시대입니다. 왜 그런 풍조가 보편화됐을까요. 현대사의 전개 과정에서 오랫동안 누적된 지역감정 탓일 것입니다. 그러나 저는 사람을 첫 대면하면 상대가 나에게 고향이 어디냐고 물어주길 바랍니다. 그리고 대화 중 우연찮게라도 내 고향을 물어주면 즉각적으로 대답합니다. "제 고향은 충청도입니다." 그리고 곧 부연해서 말합니다. "청원이 제 고향입니다."

　청원이 고향이라는 것은 나의 삶에 빼놓을 수 없는 긍지이고 행운이라고 생각하며 살아왔습니다. 청원이 어떤 곳입니까. 지명부터가 자랑스럽습니다. 청원淸原은 맑음의 근원이라는 뜻이지요. 자연 조건이 그만큼 뛰어나다는 사실이 함축되어 있는 지명인 셈입니다. 자연환경뿐만이 아닙니다. 청원은 전통적으로 주민의 심성도 맑은 곳입니다. 지금도 고향 분들을 만날 때마다 그것을 실감합니다. 오늘과 같이 각박한 세태에서 지역 민심이 맑다는 것은 다른 말로 하면 인정의 교감이 따뜻하다는 의미일 것입니다. 실제로 청원은 예부터 그런 덕목을 실천한 선인들을 숱하게 배출한 고장입니다.

　내 고향 청원은 뛰어난 자연 조건을 갖추고 있습니다. 동쪽으로 괴산군과 보은군, 서쪽은 충청남도 연기군, 천안시, 남쪽은 대전광역시, 북쪽은 진천군·증평읍과 접한 2읍 12면의 광활한 고장입니다. 집 앞 들판 너머는 미호천이 고즈넉이 흘러갑니다. 미호천은 오창과 미호 2개 평야의 중앙을 관류하며 7개 면에 걸친 충북 최대 곡창지대에 생명을 대는 젖줄입니다. 땅과 곡물을 숨쉬게 하는 원천이 미호천입니다. 저는 그 원천을 통해 생명의 소중함을 깨닫고 미호천의 물이 곡물의 성장을 돕듯이 사람을 돕는 정신을 배웠습니다. 미호천을 빼놓고는 내 삶의 궤적이 갖는 의미를 스스로 설명할 수가 없습니다. 어디 그뿐인가요. 문의면을 중심으로 많은 지역과 면해 있는 대청댐은 맑은 물을 가둬 가정에 생명의 물을 공급하고 발전을 통해 빛을 만듭니다. 맑음과 밝음이 함께 있는 곳이 청원입니다.

　청원은 청주를 사방으로 감싸는 형국입니다. 지형으로 보면 청주는 청원의 품안에 있는 셈이지요. 미호천과 함께 무심천도 청원을 지나 청주 시내를 관통해 흐릅니다. 지형 특성에서도 청원은 '포용과 소통'의 고장인 것입니다. 얼마나 멋진 상징입니까.

청원은 '남쪽의 청와대'로 불리는 '청남대青南臺'가 있는 곳입니다. 대통령이 여름휴가를 보내는 별장이었지요. 역대 대통령들은 이곳에서 국정 운영을 구상하곤 했습니다. '청남대 구상'이자 '청원의 구상'이었습니다. 청원군 대청댐 부근 55만여 평에 자리 잡고 있는 청남대는 이제 청원 시민의 품으로, 그리고 국민의 품으로 돌아왔습니다. 권력자의 삼엄했던 비공개 별장이 국민의 품으로 온 것은 '모든 권력은 국민으로부터 나온다'는 헌법정신의 상징적 구현인 셈입니다. 저는 청남대의 개방에서 정치의 발전적 변화를 읽었다고 할 수 있습니다.

청원은 내 꿈의 원천입니다. 첫째는 맑은 물이 상징하는 생명력 때문입니다. 고대 그리스의 철학자 아리스토텔레스는 물을 만물의 근원 가운데 하나로 파악했습니다. 물이 없는 곳에는 생명이 존재하지 않기 때문입니다. 세계 3대 광천수의 하나인 초정광천수가 샘솟는 곳이 청원입니다. 맑은 물이 솟는 곳은 원천적으로 깨끗한 곳입니다. 청원이라는 지명이 이를 말해 줍니다. 그곳에서 저는 우리의 생명을 떠받치는 것은 순수한 정신이라는 사실을 깨우쳤다고 할 수 있습니다. 깨끗하고 순수한 생명을 상징하는 곳, 바로 그곳이 나의 고향입니다.

청원의 상징, 맑은 물이 국민들로부터 큰 사랑을 받고 있는 것은 어쩌면 당연한 일입니다. 국내 유수의 대기업이 청원에서 솟

는 '순수'를 길어 올려 제품을 만들고 이를 전국의 소비자에게
공급하는 것은 청원의 물이 생명의 물이기 때문이지요. 청원의
물은 저에게 생명의 근원을 생각하게 했습니다.

　청원은 민족혼이 깃든 곳입니다. 민족혼은 청원의 또 다른 표
징입니다. 민족사관을 정립한 사학자이자 언론인이었던 단재丹齋
신채호申采浩 선생의 사당과 묘소가 청원군 낭성면 귀래리에 있
습니다. 단재는 민족주의에 입각해 자주적이고 실증적인 연구로
한국고대사를 재구성함으로써 조선의 민족혼을 일깨운 선각자
였습니다. 단재는 민족혼을 흔들어 깨웠습니다. 그에 의해 민족
혼이 발현되었습니다. 그 민족혼이 면면히 이어오는 곳이 청원입
니다.

민족혼 서린 청원

　의암義菴 손병희孫秉熙 선생도 청원 사람입니다. 의암은 천도교
제3세 교조로서, 일제시대 독립운동가이자 3·1독립운동 당시 민
족대표 33인 중 한 사람이었습니다. 청원군 북이면 금암리는 민
족 사랑의 혼이 깃든, 손병희 선생의 유허지遺墟址입니다. 민족혼
을 실천했던 의암의 정신과 유지가 살아 있는 곳이 청원입니다.
어디 그 분들 뿐인가요. 역사 속에서 수많은 선각자와 열사가 청
원에서 배출되었습니다. 권병덕은 3·1독립 선언서에 서명한 민
족대표 33인 중의 한 사람으로 수만 명의 동학군을 이끌고 손병
희와 함께 항일 전선을 누볐습니다. 항일 아동문학가 권태응, 청

주에 청담학교를 설립해 구국救國계몽운동에 앞장섰던 김태희, 3·1운동 당시 기독교 측의 독립운동을 주도했던 신석구, 기미 독립 선언에 앞서 1918년 무오독립선언을 발표하고 신흥무관학교에서 지청천·이범석과 함께 독립군을 양성했던 신팔균, 중국 상해에서 조소앙 김구 안창호와 함께 한국독립당과 신한독립당을 조직해 독립운동에 헌신했던 연병호 등 애국지사들은 민족혼이 정신의 뼈대가 되어야 한다는 인식을 나에게 일깨웠습니다. 선각자들은 만주 벌판에서는 일제를 향해 총을 들었고 향리에서는 민족혼의 횃불을 들었습니다.

선각자들은 국민이 민족의 위기를 각성토록 하는 데 그치지 않고 위기를 극복하기 위해 생애를 바친 분들이었습니다. 그분들은 민족 사랑을 실천한 행동주의자들이었습니다. 행동함으로써 우리 민족의 긍지와 자부심을 청원사람들에게 심어주었습니다. 저도 그런 자각과 함께 성장했습니다.

물론 고향의 의미도 이제 색깔이 바래고 있습니다. 태를 묻은 뼈와 살의 원천인 고향 산천이 옛 모습이 아니라는 걸 우리는 자주 실감합니다. 개발의 삽질로 상전벽해桑田碧海가 되었습니다. 어떤 곳은 철저한 소외지역으로 남아있기도 합니다. 변화와 퇴영은 우리를 슬프게 합니다. 어디 그뿐인가요. 고향의 민심도, 이웃과의 정의情誼도 날로 스러져가고 있습니다.

미호천을 보며 자란 촌놈이 소년이 되어 대처인 청주에 유학했습니다. 그 때부터 청소년의 감성으로 세상에 대해 막연하지만 강렬하게 각성의 눈을 떴습니다. 그것은 세상은 변해야 한다는 것이었습니다. 오늘까지 40여 년 동안 나름대로 벌여온 사회운동은 바로 소년 시절의 그런 각성에서 비롯된 내 인생의 선택이라고 할 수 있습니다. 물론 그동안 삶이 힘겨울 때도, 어떤 사회적 성취를 했을 때도 저는 미호천을, 청원을 잊은 적이 없습니다. 그리고 언젠가 돌아갈 곳은 미호천으로 상징되는 제 고향 청원의 아름다운 산하라고 생각해 왔습니다.

섬김과 나눔으로 '희망청원' 만들기

지금 세계적으로 인간의 행복을 위한 공동체주의가 새로운 이념으로 확산되고 있습니다. 공동체주의란 쉽게 말하면 공동체가 합의하고 추구하는 정의 正義가 개인의 행복을 결정하는 요소라는 것입니다. 고향이야말로 가장 소중한 공동체의 원형입니다. 진정한 의미로써 고향을 복원하는 일이 시급한 이유도 그 때문입니다. 섬김은 고향 살리기의 첫걸음입니다.

　나눔의 실천도 중요
합니다. 가능한 한 고
향에 머물면서 이웃과
많은 시간을 함께 하는
것입니다. 고향을 지키
는 이웃 어른들의 애환
을 마음으로나마 체득
해 보면 어떨까요. 분
열과 반목이 심화되고

있는 시대 아닙니까. 고향에서 이웃과 허심탄회하게 세상 애기를
나누는 일이야말로 무형의 나눔입니다. 정감어린 대화는 세태의
각박함을 치유하는 길이 될 수 있습니다. 갈등과 반목을 넘어 화
해와 통합으로 가는 길은 고향 섬김에 있어서도 출발점입니다.
따라서 고향 살리기가 이 시대의 과제라고 저는 믿습니다.

　고향 사랑과 희망 실천은 누구든지 해야 할 의무입니다. 고향
의 현실은 이 시대에 우리가 무엇을 해야 하는지를 시사하고 있
습니다. 저는 이제 새 희망 찾기를 시작합니다.

　사람들은 지금까지 다른 사람보다 더 많은 소유, 더 높은 자리
를 행복의 척도로 삼아 왔습니다. 우리들의 고향이 외면당한 까
닭도 따지고 보면 물질적 경쟁으로만 치달아온 세태 탓이 아니겠
습니까. 개인들의 그런 욕구는 나라 전체로 보면 압축 성장의 동
력이었다고 할 수 있겠지요. 그러나 그런 풍조가 누적된 결과는

갈등과 분열의 심화로 나타나고 있습니다. 우리는 지금 그것을 확인하고 있습니다.

삶의 가치관이 변해야 합니다. 누가 나보다 얼마나 더 가졌는가보다도, 나보다 적게 가진 사람이 얼마나 많은가를 우선 살펴야 합니다. 삶의 가치관에 대한 성찰이 필요한 이유입니다. 이제 시대의 유행처럼 된 이른바 웰빙도 물질적 소유의 많고 적음만으로 판가름되는 게 아니라는 사실이 확연해지고 있습니다. 따라서 무엇이 진정한 삶의 가치인가를 생각해야 합니다. 역시 '나눔'입니다. 공동체 구성원들의 그런 합의야말로 새 희망을 만나는 길이 아니겠습니까.

대가족 속에서 키운 공동체 의식

저는 1957년 1월 7일(음력 1956년 12월 28일) 청원군 강외면 서평리에서 태어나 대가족 공동체의 일원으로 편입되는 행운을 얻었습니다. 음력으로 계산해 원숭이띠가 되었습니다. 원숭이띠는 잔나비띠라고도 하지요. 잔나비띠에 턱걸이한 셈인데 저는 이 잔나비띠가 어쩐지 자랑스럽습니다. 대가족의 일원이 된 것을 굳이 행운이라고 말하는 것은 그곳

▲ 유년에 세발자전거를 탄 저자가 막내고모, 앞집누나와 함께

이 오늘의 나를 있게 한 성장의 텃밭이었기 때문입니다.

'Frustration Tolerance'라는 말이 있습니다. 우리말로 굳이 번역하자면 욕구좌절 인내도欲求挫折 忍耐度쯤 되는 심리학 용어이지요. 욕망이 좌절되었을 때 참아내는 능력을 말합니다. 어린 시절 정상적 환경에서 성장한 사람은 과소비를 할 것이라는 일반적인 생각을 뒤집는 개념입니다. 어려운 집안에서 좌절을 맛보며 자란 사람은 절약보다는 소비를 선호하고 넉넉한 집에서 사랑받으며 성장한 사람은 그 반대입니다. 돈을 마구 써대는 사람의 문제가 아니더라도 이러한 성향의 사람은 욕구불만을 다른 곳으로 배출하려는 경향이 있습니다.

이 개념은 성장 과정이 얼마나 중요한지를 우리에게 가르쳐주고 있습니다. 사람들은 자라면서 미래의 모습을 그려갑니다. 정감 있는 가정은 순수한 마음을 길러주고 사랑은 고운 심성의 소유자를 길러냅니다. 가정의 평화는 화합이 중요하다는 것을 배우게 하지요. 좋은 가정은 좋은 덕목을 일깨워 주기도 합니다. 그러나 그렇지 못한 가정은 좌절의 인간형을 만들기 십상입니다. 상실과 슬픔을 통해 그들이 배우는 것은 주위에 대한 원망과 배타주의일 것입니다.

어릴 때 공동체적 삶을 경험했는지도 중요합니다. 가족공동체는 사람을 사람답게 만드는 터전이 아니겠습니까. 특히 대가족 공동체는 주목할 필요가 있습니다. 그곳에는 가족 사랑과 질서 그리고 엄격한 훈육이 함께 존재합니다. 대대로 이어 내려온 전통을 뼈대로 삼아 사람됨을 가르치는 곳이지요.

　우리집의 대가족 규모는 당시로서도 상당한 수준이었습니다. 할머니와 부모님, 고모들, 사촌형과 누나로 구성된 3대 가족에 일꾼 아저씨까지 포함해 20명을 넘는 장원형 대가족이었습니다. 대가족을 이룬 것은 큰 아버지의 외지 근무로 청주 소재 학교를 다니는 사촌이 통학하기에 편했던 때문이었습니다. 또 작은 할아버님이 일찍 돌아가시고 작은 할머님의 재가再嫁로 당숙 아저씨 등이 함께 살아야 했던 것도 이유가 되었지요. 핵가족을 선호하는 요즘 사람들이 보면 도망이라도 하고 싶었을 겁니다. 그러나 우리는 화목했습니다. 진천과 충주 등에 거주했던 큰 아버지는 교육자, 아버지는 농사일을 하시며 예비군 중대장 일을 보셨습니다.

　요즘은 핵가족이 가족 단위의 주류를 이루고 있습니다. 1인 가족, 2인 가족의 비중도 커지고 있습니다. 가족 구성의 새로운 경향은 전통의 가족 관계에 큰 영향을 미치고 있습니다. 핵가족은 가족 이기주의를 확산시키는 원인이 되기도 합니다. 이기주의는 다른 삶을 배려하지 않는 형태로 나타나지요. 자신들의 주장과 만족을 앞세우면 협동과 공동체 의식은 설 자리가 없습니다. 다른 가정에 비해 유달리 가족이 많았던 나의 집, 그곳은 부모님의 엄격한 훈도와 친척 간의 협동과 우애가 함께하는 곳이었습니다. 대가족은 좋은 의미로 사회의 축소판이라고 할까요, 그 곳에서 저는 남을 배려하고 나만을 주장하지 않는 삶의 지혜를 배웠다고 할 수 있습니다.

부친은 6·25 전쟁이 발발하자 학도병으로 징집돼 7년 간 고난의 사선을 넘은 분이었지요. 그래서 할머니에게 저는 죽음의 문턱에서 살아 돌아온 아들의 자식이었습니다. 그래서 유달리 할머니의 사랑을 받았습니다. 고모들의 사랑도 유별났습니다. 사랑의 바구니에 담겨 성장한 셈이지요. 시인 서정주는 '스물세 해 동안 나를 키운 건 8할이 바람'이라 했습니다. 서정주 시인처럼 말하면 '나를 키운 건 8할이 가족의 사랑'이었습니다.

실천이 중요한 덕목이라는 것도 대가족 공동체에서 얻은 귀중한 정신적 소득이었습니다. 어른들로부터 받은 것은 사랑이었지만, 배운 것은 실천하는 습관이었다고 생각됩니다. 목표를 세우고도 이행하지 않는 사람이 세상에 얼마나 많습니까. 목표를 세

▲ 중학교 시절 하나뿐인 여동생 윤숙과 막내 동생 병윤과 함께

우면 실천을 유보하지 않는 성품은 아버지로부터 받은 영향인 듯합니다.

남들에 비해 여유있게 산다는 것은 못사는 사람들에게는 상대적 박탈감을 주는 요인이 될 수도 있습니다. 저는 특용작물 재배로 적잖은 수입을 올리는 아버지 덕분에 궁핍을 모르고 살았지만 가진 자의 것이 못 가진 자의 것일 수도 있다는 사실도 어슴푸레하게 깨달았던 듯합니다. 이러한 생각 때문인지 먹을거리가 있으면 자주 친구들을 집으로 불러들이곤 했습니다. 제사상에 올릴 음식까지 나눠 먹는 정도였습니다.

저는 초등학교 시절, 가정의 여유와 사랑에도 불구하고 가진 자와 못 가진 자의 차이를 알게 되고 어린 눈에 비친 사회의 모순을 예민하게 받아들이기 시작했습니다. 세상이 가정과는 크게 다를 수밖에 없다는 생각은 집에서 가까운 조치원읍과 청주시를 오가는 과정에서 더욱 확고해졌습니다. 집안일을 돕기 위해 농작물을 시장에 내다 팔 때 현장에서 느꼈던 것은 사람들의 생활 상태에 격차가 있다는 사실이었습니다. 격차는 돈에 의해 결정되고 돈에 의해 삶이 차별화된다는 것을 깨달았던 듯싶습니다.

포기를 모르는 고집쟁이 '딩굴이'

옛말에 '접인춘풍 임기추상接人春風 臨己秋霜'이라고 했습니다. '남에게는 봄바람처럼 따뜻하고 자신에게는 가을 서릿발처럼 냉철해야 한다'는 뜻입니다. 나의 아버지가 바로 그런 분이 아닌가 싶습니다. 아버지는 그만큼 온화한 성품에 자신보다 남을 배려하는 마음이 몸에 배어 있는 분이었지만 자신에 대해서는 대단히 엄격했습니다. 의협심도 매우 강해 옳지 않다고 생각하는 일에는 절대로 타협하지 않았고 목표를 세우면 실천을 유보하지 않는 성품이었습니다. 전쟁 중에 학도병으로 징집됐으면서도 어려운 진급 시험에 도전해서 장교로 군 생활을 했다는 사실이 목표에 매진한 아버지의 성격을 잘 말해줍니다. 부친의 성품과 언행은 제가 성장해가는 동안 알게 모르게 나를 일깨운 교훈이었습니다. 그것은 오늘까지도 내 생활에 흔들림 없는 귀감이 되고 있습니다.

어릴 적 내 별명은 '딩굴이'였습니다. 무엇이든 성이 차지 않고 마음에 들지 않으면 온 몸에 상처가 나고 피가 나도 울면서 뒹굴어 댔습니다. 딩굴이라는 별명은 내 유년부터의 성격을 말해줍니다. 어떤 경우에도 한번 마음먹은 일은 포기하지 않았습니다. 동무들과 매미를 잡으러 갔다가 매미를 한 마리도 잡지 못하면 분을 참지 못하고 밤새도록 울었습니다. 할 수 없이 이웃집 형들이 내놓은 매미를 갖고 나서야 울음을 멈추는 '고집쟁이'였던 것입니다.

고집만큼 승부욕이 강해 누구에게도 지고는 못 견디는 성격이 었습니다. 동무들과 팽이를 만들어 승부를 겨룰 때도 지게 되면 분을 참지 못하고 울먹이다 겨우 지쳐 쓰러져 잠들었던 적도 있습니다. 다음

▲ 초등학교 6학년 시절(중학교 입학 시험용)

날 다시 팽이를 만들어 이기고 나서야 편안히 잠들었습니다.

대학 시절 친구들은 나를 '쌈닭'이라고 불렀습니다. 평소에는 조용하고 차분한 성격인데, 경쟁을 할 때에는 승부욕에 불타 매섭게 집중한다는 데서 붙여진 별명이었습니다. 친구들은 저의 끈질긴 근성과 강한 정의감을 인정하고 부러워하기도 했습니다. 외고집 딩굴이의 연장이었던 셈입니다.

세상에는 왜 차이가 존재 하는가

경제가 삶의 질을 결정하는 유일한 요소는 물론 아니지요. 돈이 아니더라도 우리의 삶을 풍요롭게 하는 것은 사랑과 우정, 도움과 배려, 희생과 봉사 등 여러 가지가 있습니다. 돈이 매개가 된 세상의 격차는 초등학생인 나에게는 이해하기 어려운 일이었습니다. 왜 세상에는 차이가 존재하는가, 그것은 어떻게 해소될 수 있을 것인가, 이런 생각이 내 의식에 깊이 자리잡아가고 있었던 것이지요.

돌이켜 보면, 저는 성장기 청소년의 감성으로 불평등한 현실을 서서히 파악해 갔고 성장하면서 점차 새로운 사회를 만들어 갈 필요가 있다는 생각을 지니게 되었습니다. 새로운 사회를 만들기 위해서는 개혁을 해야 한다고 확신했습니다. 개혁이 무엇입니까. 세상을 바꾸는 것이 아닌가요. 저는 어쩌면 어린 시절부터 개혁 의지를 체화體化하기 시작했다고 할 수 있습니다.

초등학생 시절은 나에게 인식의 시대였습니다. 그 시절, 사회적 현실은 비록 사소한 것이라 할지라도 저의 인격 형성에 큰 영향을 끼쳤습니다. 애써 지은 농작물이 제 값을 받지 못한다는 것을 알게 되었습니다. 커서 더욱 분명히 알게 된 것입니다만, 애써 가꾼 작물이 헐값에 팔리는 것은 유통과정의 구조적 모순 때문이었습니다. 생활이 어려운 농가에서 가진 자들로부터 미리 돈을 받고 작물을 재배하면 풍작인데도 작물을 모두 넘겨야 하는 처지가 되지요. 농민이 주인이 아니라 가진 자가 작물의 지배자가 되는 현실이었습니다.

집에서 재배한 배추를 삼촌 또는 당숙과 함께 리어커에 싣고 팔러 나갔을 때 파는 자와 사는 자의 관계가 마치 주종관계인 것처럼 느껴진 기억도 있습니다. 수요와 공급에 따른 정당한 상거래임에도 불구하고 물건을 나르고 쌓아 얻은 푼돈이 나의 용돈과 학비, 그리고 생활비가 된다는 사실이 어린 마음에도 이상하게 느껴졌습니다. 특히 사는 사람의 우월적인 자세는 사람에게도 격차가 있는가라는 의문을 갖게 했습니다. 어린 마음에도 그 차이는 왜 생기는 것일까, 이를 해소하는 길은 없는 것일까 하는 생각을 하게 되었습니다.

초등학교 6학년이던 1968년 '무장공비'가 들이닥친 기억도 새롭습니다. 식량을 도난당하는 사례도 자주 있었습니다. 치안 상태가 불안한 것은 마을의 안전과도 직결되는 문제였습니다. 우리는 왜 안전하게 학교를 다닐 수 없는가, 대문을 열어 두고도 살

수 있는 편안한 마을이 될 수 없는 것인가 하고 생각했습니다. 도둑이 잦고 공비가 출현하는 불안한 사회는 저를 행복한 지역 사회를 꿈꾸게 하는 자극제가 되었습니다. 그 꿈은 성장기를 거치면서 개혁이라는 의미로서 구체화되었습니다.

어느 날 어린이의 눈으로 보았던 사람들의 격차와 내 마음 속 불안에 대해 부모님께 말했습니다. 마음속에 일고 있는 갈등을 말씀드린 것이지요. 부모님은 나의 생각에 동의하셨고 나의 갈등을 이해했습니다. 부모님이 나에게 주신 해법은 공부였습니다. 부모님의 판단은 옳았습니다. 뒷날 저는 공부를 통해 사회적 부조리의 원인과 해법을 찾아 이를 현실 사회에서 실천하기 위해 나름대로 혼신의 노력을 다했던 것입니다.

초등학생 때 특별상을 받았던 저는 당시 시골 초등학교에서 최우수 학생만 들어갈 수 있었던 청주중학교에 합격했습니다. 중학생 시절은 나에게 좀 더 성숙된 각성의 시기였습니다. 교육학자들은 각성의 시대를 거치면서 사람들은 비판의 틀을 만들고 행동의 기준을 습득한다고 했습니다. 각성의 시기는 자아自我를 형성하는 시기이기도 합니다. 꿈 많던 저의 중학 시절은 오늘의 나를 있게 한 씨앗을 만든 시기였습니다.

청주라는 좀 더 큰 도시에서 저는 시골에서 느꼈던 것보다 더 사회적 격차를 느껴야만 했습니다. 저는 사촌 형님, 사촌 누나와 함께 자취를 하면서 면학에 열중했습니다. 자취생들의 반찬은 어머니와 큰 어머니가 일주일분을 만들어 주셨지요. 일주일 동안

▲ 청주 고등학교 시절 제주도 수학여행에서(1977년)

우리는 똑같은 밑반찬을 먹어야 했습니다. 그러나 청주 지역 학생들의 반찬은 우리가 먹는 것에 비해 훨씬 다양하고 풍성했습니다. 빵도 있었고 과일도 있던 것으로 기억됩니다. 어린 소견에도 저는 '좋은 음식을 먹는 사람과 그렇지 못한 사람이 꼭 따로 있어야 할까'라는 생각이 들기도 했습니다. 시골에서 유학한 학생은 왜 도시 출신 학생들의 생활과 다를 수밖에 없는 것일까, 그 같은 차이의 까닭은 무엇일까 따위의 고민이 생겨난 것입니다. 함께 누려야 할 풍요, 공동의 즐거움, 차이가 없는 세상, 이런 생각을 하게 되었던 것입니다.

농촌 계몽 활동에 앞장

주변의 어려운 이웃에 대한 안타까움으로 고민하던 저는 중학교 1학년때부터 방학을 이용해 계몽 활동에 참가하게 되었습니다. 계몽 활동은 마음에 품고 있던 현실의 불평등을 실천을 통해 시정해야 한다는 생각을 행동으로 옮긴 것이었습니다. 그것은 변혁을 위한 첫 시도이기도 했습니다.

계몽 활동은 활동에 필요한 자금을 마련하는 것에서 출발했습니다. 계몽 활동의 자립기반을 마련하는 것이었지요. 동네를 찾아다니면서 쌀과 보리쌀을 얻고 그것을 팔아 교통비를 마련한 뒤 시내버스에서 고학생이라면서 나이프, 포크 세트 등을 팔아 학습용 교재와 노트를 마련했습니다. 식량은 비교적 살림이 넉넉한 지역이나, 쌀 수확이 많은 오창 지역에서 '구걸' 하듯 마련했습니다. 자금이 마련되면 어린 아이들을 가르쳤습니다. 사람들에게 신세진다는 생각을 갖지 않도록 하기 위해 여름철에는 주민들과 함께 콩밭도 매고 논일도 했는가 하면 풀도 함께 뽑았습니다. 계몽 활동은 아이들에게 지식을 전달하고 마을 사람들에게는 일손을 제공하는 봉사였습니다.

밤 시간을 이용해 진학을 하지 못한 아이들을 모아 놓고 국어 · 산수 · 자연 · 사회 등 초등학교 교과를 가르쳤습니다. 1, 2, 3학년을 한 반으로 묶고 4, 5, 6학년은 별도로 학습을 진행했습니다. 가르치는 기간은 짧게는 20일, 길게는 40일이었습니다. 부모님들이 식사에 초대하고 면장이나 이장으로부터 감사장도 받았지만 봉사 활동은 크게 내세울 게 없습니다. 나에게 그 시절의 노력은 사실상 사회운동의 출발일 뿐이라고 말할 수 있기 때문입니다.

고등학교에 진학하면서 나의 시야는 좀 더 넓어졌고 그에 따른 실천 전략도 구체화되었습니다. 지역을 뛰어넘어 새마을운동과 연계시킨 정신 개혁 운동을 펼치고 긍정적인 가치관을 확산시키는 노력을 본격적으로 기울이기 시작한 것입니다.

청주 시내 8개 학교 친구들끼리 모여서 찾아간 곳은 전라북도 무주였습니다. 당시만 하더라도 학교 문턱을 밟지 못했거나 상급 학교에 진학하지 못한 사람이 많았던 탓에 기초 한문과 영어를 가르치고 정신 개혁 운동과 긍정적인 가치관 정립 운동을 폈습니다. 마을 환경은 열악하기 그지없었습니다. 제대로 된 화장실하나 없을 정도였으니까요. 그럼에도 불구하고 지역의 청년들이 강의를 듣기 위해 모여든 것은 나에게 큰 보람을 안겨주었습니다. 자조, 자립, 협동의 새마을 정신은 제가 그들에게 심어주고자 했던 것이었고 그들은 이를 통해 무엇이 새로운 생활인지, 새로운 생활은 어떻게 만들어야 하는지를 깨우쳐갔습니다.

중학생 시절 시작한 계몽운동은 고등학생이 되면서 개혁운동으로 진일보했습니다. 어린이에게 지식을 주입하던 운동은 지역과 사회를 변화시키는 운동으로 발전했습니다. 중학교에서 고등학교까지의 과정은 사회를 변화시키기 위한 구체적이고 단계적인 심화 과정이었습니다.

분단문제에 눈뜨던 시절

대학 진학을 눈앞에 둔 시점에서 저는 학업보다는 사회 참여를 우선시했던 운동 방식에 한계를 느꼈습니다. 대학의 문을 두드린 것은 더 큰 틀의 사회 참여로 세상을 바꾸어 보겠다는 뜻이 있었기 때문입니다. 대학 재학시절 제가 주목하고 관심을 기울였던 문제는 사회적 갈등과 격차, 그에 따른 소외 계층의 증가였습니다. 저는 그와 같은 사회적 부조리의 근원은 '분단'에서 시작되었다고 생각하기 시작했습니다.

1979년 지도교수와 함께 일본을 찾았을 때, 시모노세끼와 도쿄를 잇는 신간선 차창 밖으로 보이는 농촌의 포장 잘 된 농로農路를 보고 참으로 부러웠습니다. 지도교수는 국방비의 3분의 1만 기간산업에 투자하면 우리도 저렇게 될 수 있다고 말했습니다. 분단 문제를 해결하지 못할 경우 어쩔 수 없이 국방비를 늘려야 하는 현실은 나로 하여금 분단 현실의 타개는 부조리 해결에 불가피한 전제라는 확신을 갖게 했습니다.

▲ 대학시절 뜻을 같이했던 동지들과 충북대 게시판 앞에서

통일 문제에 대한 관심은 계몽보다는 봉사라는 실천적 활동을 펴는 계기가 되었습니다. 봉사 활동의 공간은 농촌과 대학 캠퍼스였습니다. 농촌이 어떤 곳입니까. 우리에게 농촌은 어머니의 가슴과 같은 곳이자 가장 한국적인 정서의 토양입니다. 농촌이 깨어나지 못하면 우리나라가 발전 못한다고 생각했습니다. 깨어 있는 국민이 많을수록 분단의 비극에 대한 인식은 확산되리라는 믿음이 있었습니다. 그래서 농촌 봉사는 통일에 대한 각성 운동이었습니다.

농민들과 통일을 고민

방학을 이용해서 농촌 가정에서 정신교육을 하는 한편 농민들의 일손을 도왔습니다. 풀을 뜯고 나무를 쳐내는 작업을 했습니다. 사과나무 수정을 돕고 천렵도 함께 했습니다. 봉사 기간 중 저는 그들과 같은 농민이었습니다. 농민이 되지 않고 그들과 하나가 될 수는 없다는 사실을 절감했습니다.

저는 밤 시간도 그들과 함께 했습니다. 통일이 왜 필요한지를 설명하고 통일을 어떻게 이루어야 하는지를 함께 고민했습니다. 분단에 대한 인식의 전환이 없다면 통일에 한 발짝도 다가설 수 없다는 것을 설명했습니다. 통일은 우리가 반드시 이루어야 할 국가적 과제라고 강조했습니다. 그들과 동지적 우애를 두텁게 하는 동안 그들의 생각은 조금씩 변하는 듯 했습니다. 바닥이 변화하고 있다는 느낌은 저에게 용기를 주었습니다.

　　그 무렵 농촌은 '생각하는 사람'이 사는 곳이라기에는 너무나 척박한 환경이었습니다. 오직 '일하는 사람'만 존재할 수밖에 없었던 곳이었습니다. 농민의 생존은 그만큼 절박했습니다. 생각을 변화시키는 것, 바로 그것이 봉사활동의 핵심이었습니다.

▲ 남북 대학생 북경 세미나에 참석하여(1994년)

　　대학 캠퍼스에서의 봉사 활동은 통일봉사단을 중심으로 진행했습니다. 남북통일 문제를 주제로하는 초청 강연회, 세미나와 심포지엄도 자주 열었습니다. 남북 간 사상 대립 문제를 주제로 삼아 공산주의를 극복하기 위한 방안을 토론했습니다. 통일봉사단이 지향하는 목표는 운동권 학생들의 주장과 달랐습니다. 이념적 갈등과 대립 상태가 빚어진 것은 어쩌면 당연했습니다. 저는 의도적으로 이념적 차이를 논제로 제시하고 그들과 토론했습니다. 캠퍼스에서 펼쳤던 통일봉사단의 활동 경험은 졸업 후 통일운동의 이론적 기반이 되었습니다.

통일운동에 뜻을 모으다

무슨 일을 시작하자면 돈이 필요하기 마련입니다. 사회운동도 마찬가지이지요. 재정적인 발판을 마련하는 것이 중요했습니다. '5인방'이 주도한 '건천그룹'은 그래서 탄생했습니다. '그룹'이라고 거창한 이름을 붙였지만 사실은 청주지역 대학생 5명이 뜻을 모은 것에 불과했습니다. 그러나 우리의 목표는 뚜렸했습니다. '시작은 미미했으나 그 나중은 창대하리라'는 성경 말씀은 우리에게 힘과 용기를 주었습니다. 각자에게는 활동 임무가 주어졌습니다. 농촌을 담당하는 멤버가 있었고 사상 문제를 담당한 친구도 있었지요. 저는 재정 문제를 맡았습니다. 활동 기간은 최장 3년으로 잡았습니다.

대학 졸업 후 은행에 취직해 통일 봉사 활동에 필요한 돈을 모아야 한다는 것이 나의 생각이었습니다. 대학 4학년 9월 중소기업은행 합격증을 받았습니다. 대학 성적이 괜찮았던 탓에 학교 추천으로 면접만 보고 특채된 것이었지요. 통일운동에 필요한 재정적 기초를 만들 수 있는 기회를 잡은 것입니다. 저는 "이제는 되었다."고 기뻐했습니다. 꿈을 이루는 길이 보이기 시작했습니다. '5인방'의 동료들도 나름대로 뛰기 시작했습니다.

사람은 운명의 지배를 받는 것일까요. 나의 행동 목표는 의외의 곳에서 '복병'을 만났습니다. 통일봉사단 활동을 눈여겨보던 김봉태 현 선문대 총장이 은행 입행 대신 대학에서 사회참여운동에 동참할 것을 권했기 때문입니다. 담당 학교는 서울대와 한국외국어대였습니다. 통일 문제를 당시의 대학생들과 토론할 때 갈등은 필연적이었습니다. 통일 문제는 곧 이념의 문제였기 때문이지요. 학생들과 이념적 갈등과 대립을 헤쳐 나가면서 저는 연세대, 이화여대, 서강대로 '통일 이념지대'를 확대해 나갔습니다.

통일운동이 추구하는 것은 반공이 아닌 승공입니다.

반공을 뛰어넘어 공산주의를 극복하자는 것이지요. 극복을 통해 평화는 싹트고 확산될 수 있다는 믿음이 저에게 있었습니다. 그러나 통일운동엔 비용이 필요했습니다. 통일운동은 봉사이자 평화활동이지만 재정적 기반이 있어야 훨씬 활발하게, 그리고 효율적으로 그것을 추진할 수 있기 때문입니다.

그래서 저도 어려운 여건 속에서도 활동비용 마련을 위해 나름대로 열심히 뛰었습니다. 가정생계의 문제는 초등학교 교사인 집사람의 몫이었습니다.

'다문화 가정 운동'에 헌신

이념의 벽을 넘기 위한 평화운동은 다문화 운동으로 외연을 확대했습니다. 나의 삶의 뿌리로 자리 잡은 세계평화주의는 민족의 벽을 허물기 위해 실천의 광장으로 나를 내보냈습니다. 다문화 운동은 1988년 국제결혼이 시작되면서 출발했습니다. 국제결혼의 사회화, 축복의 사회화라고 할까요, 국제결혼으로 형성되는 다문화 사회는 민족 순혈주의의 벽을 넘어 인류가 한가족이 되는 문화의 기틀을 만드는 운동이었지요.

국제결혼이 시작된 1988년은 서울올림픽이 열린 해였습니다. 서울올림픽의 슬로건은 '벽을 넘어서'였습니다. 권리가 있고 결혼이야말로 그 권리를 향유할 수 있는 길이라고 생각했습니다. 당시 제 나이 33살, 결혼 중에서도 인간관계의 (벽을 넘어서는) 가장 확실한 방법은 국제결혼이라고 믿었습니다. 그리고 국제결혼의 세계적 확산이야말로 평화운동의 지름길이라는 생각에 이

▲ 한국 다문화 지원 협의회가 세계 비정부 기구 연합 타지 하마드 사무 총장으로부터 다문화 아동 및 농어촌 지원 프로그램 수행기관으로 인증서를 전달 받는 모습(2010.10.11)

르렀습니다.

  벽을 넘는 것이 평화운동이며 평화운동의 실천적 과제는 다문
화 가정운동이었습니다. 저는 카자흐스탄, 우크라이나, 우즈베키
스탄, 키르기스스탄 등 중앙아시아 국가들을 순방하며 한국 사람
들과의 국제결혼을 성사시켰습니다. 국제결혼은 문화의 차이를
극복하고 벽을 허무는 주목 받는 운동으로 뿌리내리기 시작했습
니다.

  다문화 운동은 한국 경제의 발전과 함께 동남아 인력이 유입된
것과도 관계가 있습니다. 저는 동남아 노동력이 들어오기 시작하
면서 그들을 돕는 것이 평화운동의 하나라는 생각을 굳혔습니다.

▲ 다문화 가정 200여 명을 초청하여 위로하고 다채로운 시간을 가진 송년의 밤

1990년 후반부터 늘어나기 시작한 동남아인들을 활용해 문화의 벽을 허물 수 있다는 판단을 한 것이지요. 예상은 틀리지 않았습니다. 국내거주 외국인은 이미 오래 전 120만 명을 넘어섰고 그 가운데 다문화 가족만도 21만 명에 이릅니다.

피스컵 국제축구대회가 창설된 것은 세계평화운동의 저변을 넓히려는 또 다른 시도였습니다. 평화운동의 실천적 방법의 하나로 스포츠를 선택한 것입니다. 스포츠는 종교적 도그마나 정치적 이데올로기를 뛰어 넘어 인류공동체의 평화를 뿌리내리는 중요한 수단입니다. 피스컵 대회는 국가 간의 이념과 사상을 극복하고 인종과 종교의 벽을 넘어 세계평화를 이룩한다는 목표 아래 2003년 첫 대회가 열렸습니다. 국제축구연맹FIFA이 인정한 이 대회에는 세계 규모의 축구대회 가운데 유일하게 대륙별 최고 수준의 클럽 팀이 참가해 스포츠를 통한 평화세계의 구현 가능성을 되새기게 했습니다. 피스컵 대회는 2년에 한 번씩의 개최를 통해 지역 간의 갈등을 해소하고 계층 간의 화합과 사상적·문화적 장벽을 넘어 평화를 추구했다는 평가를 받았습니다.

평화운동은 학문에 대한 저의 열정에도 영향을 미쳤습니다. 평화운동은 제 평생에 걸친 철학적 지표였습니다. 평화운동에 참여하고 헌신한 것은 이러한 철학적 목표를 실현하기 위해서였습니다. 저는 평화운동을 주제로 2005년 박사학위(Ph.D.)를 취득했습니다. 비록 뛰어난 논문은 아닐지 모르지만 박사학위는 평화운동에 대한 저의 신념체계를 집약한 논리이면서 세계평화운동을 펼치게 만드는 견인차가 되고 있기도 합니다.

 다문화 가정을 돕기 위한 나의 실천의지는 3년 전 국제가정문화원의 설립으로 현실화되었습니다. 한국에 거주하는 다문화 가정과 그 2세를 지원하는 기관이지요. 다문화 가정과 그 2세들에게 한국의 전통과 문화를 교육하고 다문화 관련 간행물도 발간해 다문화를 확산시키는 일을 하는 곳입니다. 능력은 부족했지만 일에 대한 열정을 감안한 탓인지 이사장 자리를 맡기기도 했습니다.

 다문화의 중요성과 필요성을 강조하고 이를 확산시키는 일에 몰두하다 보니 한국다문화지원협의회 상임대표, 경기다문화사랑연합 고문 일도 보고 있습니다. 여러 일자리를 갖는 것이 반드시 능력에 비례하는 것은 아닐지라도 저의 다문화 사랑에 대한 평가로 여기고 열심히 뛰고 있습니다.

희망의 정치 정직한 정치

 사람들이 자신의 철학과 신념을 현실에서 구현하는 수단과 방법은 여러 갈래입니다. 과학자는 연구실에서 물질의 본질과 질서를 탐구합니다. 역사가는 인류의 사상과 행동을 분석해 바람직한 역사의 방향을 제시하지요. 진정한 기업인이라면 수요의 창출을 통해 인간의 생활을 윤택하게 하고자 할 것입니다. 작가는 창작을 통해 인간의 본질을 탐구하고 희망을 제시하고자 할 것입니다.

저는 정치 입문을 결정했습니다. 제게 정치는 사회운동의 현실적 한계와 깊은 관계를 갖습니다. 저의 신념은 사회의 개혁입니다. 그럼에도 불구하고 사회운동의 현실적 한계는 생각보다 컸습니다. 저는 평화운동을 펼치면서 여러 조직을 만들고 목표를 실현하기 위한 노력을 기울였습니다. 그러나 조직의 의지에 비해 현실의 벽은 높았습니다. 그동안 실천했던 일은 목표의 당위성에도 불구하고 본질적인 개혁과는 거리가 있었습니다. 힘이 모자랐던 것이지요. 현실적 힘은 어디에서 오는 것일까요. 정치입니다. 본질적인 개혁은 정치를 통해 가능합니다. 사회를 바꾸는 힘 가운데 가장 강력한 힘은 정치입니다. 이것이 제가 정치를 하고자 하는 첫 번째 이유입니다.

우리 사회에는 상상할 수 없을 정도로 많은 '왜곡'이 존재합니다. 그 가운데 하나는 이념의 왜곡입니다. 사회를 개혁해야 한다고 민주화운동에 앞장섰던 사람들이 제도권 정치에의 진입에 성공하면서 기득권 세력으로 행세했습니다. 그들은 이제 자신들이 추구했던 민주화가 허구라는 비난에서 자유로울 수 없게 되었습니다. 진정한 민주화의 길은 무엇인가 우리는 고민해야 합니다. 그리고 세계화로 가는 바람직한 길은 무엇인지도 토론해야 합니다. 그것이 정치가 해야 할 일입니다. 이것이 정치를 통해 저의 철학을 실현하고자 하는 두 번째 이유입니다.

한민족에 대한 비전을 제시하고 이를 성취하기 위해서는 공감대 형성이 필수적입니다. 이것이 정치의 마당에 뛰어들려는 마지막 이유입니다. 한민족의 잠재력은 어느 민족과 비교해도 결코 뒤지지 않습니다. 민족의 잠재력을 힘차게 발현할 수 있는 비전 제시가 정치의 첫번째 책무입니다. 비전을 현실화하기 위해서는 공감대의 형성이 선행돼야 합니다. 공감대 형성의 장을 마련하는 것도 바로 정치의 몫입니다.

정치에 대한 저의 궁극적 꿈은 간명합니다. 첫째는 희망의 정치를 구현하는 일입니다. 정치는 본질적으로 국민에게 희망을 주는 것입니다. 국민에게 희망을 주지 못했던 지도자를 우리는 지난 역사에서 무수히 보고 겪었습니다. 그들은 국민에게 희망은커녕 절망을 안겨주었습니다.

둘째, 정직한 정치를 추구할 것입니다. 정치는 진실을 먹고 성장하는 나무이어야 합니다. 나무의 무수한 잎은 국민입니다. 잎

▲ 미래 희망연대 서청원 전 대표와 청산회 시산제 후 담소하며(2011. 4.30 계룡산)

을 시들게 하지 않는 정치가 정직한 정치입니다. 정략적 이해타산 때문에 진정성을 도외시하는 행위야말로 정치 불신을 초래하는 원인입니다. 국민과의 약속을 헌신짝처럼 저버리는 정상배들은 정치에 발을 들여놓지 못하게 해야 합니다.

제가 펼치고 싶은 정치는 가슴 뛰는 정치입니다. 국민을 신나게 하는 정치, 그것이 제가 추구하고자 하는 정치입니다. 신나는 정치는 국민의 가려운 데를 긁어주는 정치일 것입니다. 답은 간단합니다. 국민이 원하는 공동의 가치를 구현하는 것이 신나는 정치입니다.

평화의 길을 달려가고 싶다

평화운동을 통해 얻은 경험은 제 가슴에 정치라는 새싹을 키웠습니다. 정치를 통해 믿음을 현재화할 수 있다는 확신은 저의 열정에 불을 지폈습니다. 행복은 꿈이 피워 낸 꽃이라고 할 수 있지요. 시련과 도전을 넘어 국민과 함께 꿈을 공유하고 그래서 희망의 문을 여는데 기여해 보려 합니다.

제가 지금까지 걸어온 길은 궁극적으로 평화세계를 위해서입니다. 이를 위해 이제 우리 모두가 공생·공의·공영으로 가는 길을 함께 걸어보고 싶습니다. 공생은 함께 잘사는 세상을 만들어 보자는 것이지요. 성장과 분배가 균형을 이뤄 국가 경제도 좋아지고 개인도 풍요로워지는 세상 말입니다. 공의는 정의가 살아

숨 쉬는 세상을 뜻합니다. 인간의 존엄과 사회정의를 추구하면 언젠가는 공의사회가 우리에게 다가오지 않겠습니까. 공영은 우리 모두 함께 번영하는 나라로 가자는 뜻입니다. 이를 위해서는 국민과 소통하고 참여를 통해 생활정치를 구현해야 합니다.

보람은 항상 시련과 함께합니다. 성취는 반드시 좌절을 넘어서야 합니다. 여러분과 함께 희망의 문을 열고 평화의 길을 달려가겠습니다.

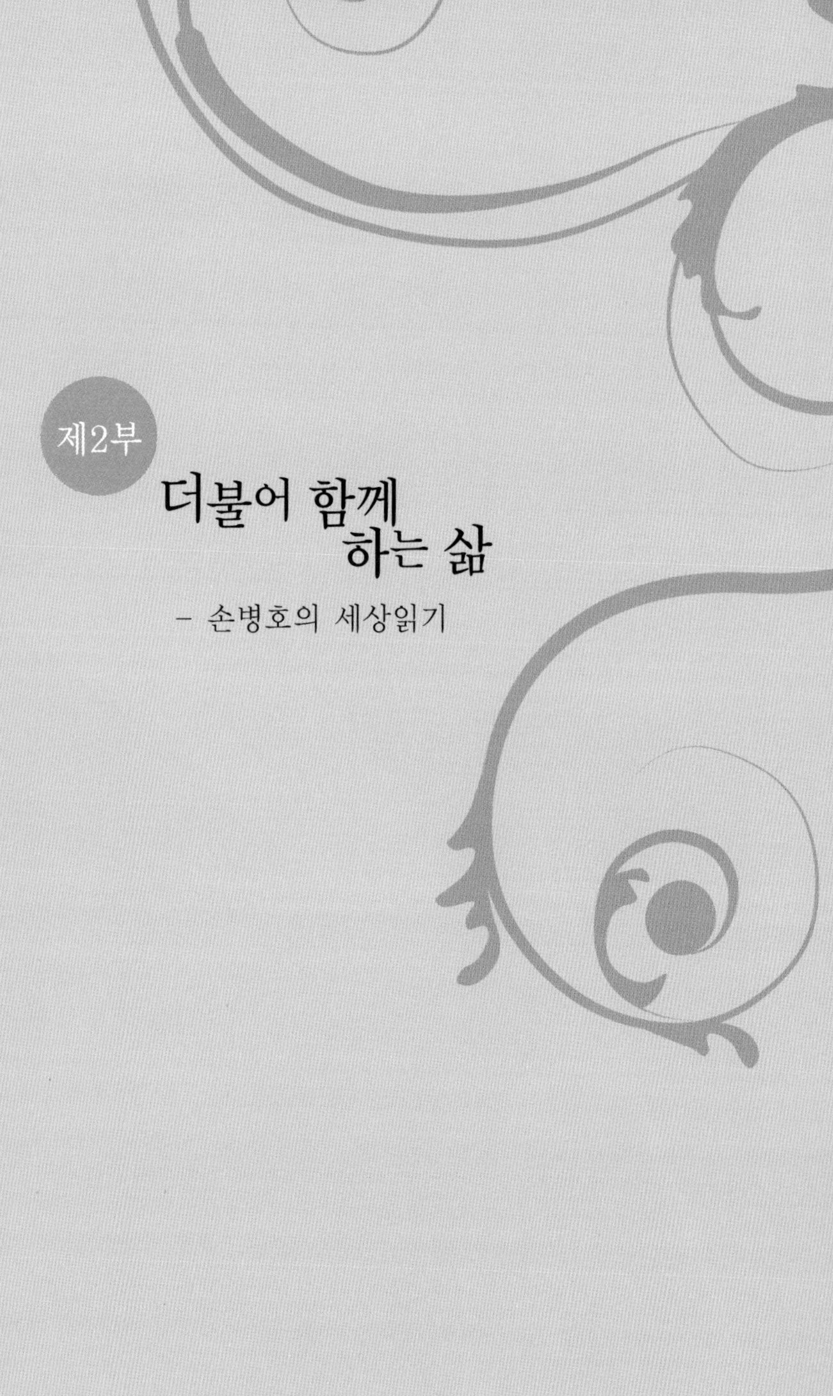

제2부
더불어 함께
하는 삶
- 손병호의 세상읽기

결핵 없는 세상
사랑으로
…합니다.

제1장 공의의 길
– 인간의 존엄을 위한 바른 사회로

나눔의 삶, 봉사의 보람

"나눔은 위대하다"

다시 봄이다. 나무를 심는 계절이다. 하지만 4월엔 나무 말고도 우리 사회에 희망의 기풍을 심어야 한다. 올해는 특히 그렇다. 말 그대로 새 희망을 말이다. 물론 희망에 새 희망, 낡은 희망이 따로 있을 리 없다. 하지만 우리가 추구해야 할 삶의 가치가 무엇인가를 성찰해 보면 희망의 내용도 달라진다. 나는 이 시대의 새 희망으로 '나눔의 문화'를 제시하고 싶다.

희망이야말로 우리의 삶을 받쳐주는 영원한 버팀목이지만, 그래도 그 희망을 공동체 전체가 공유할 수 있는 사회적 기류의 형성이 절실하게 필요한 시기가 있다. 바로 그런 뜻에서 나눔은 공동체가 새 희망을 함께 찾을 수 있는 길이다. 바로 지금이 그 출발의 시점이라고 생각한다.

국제 경쟁력 제고는 국가 전략의 기본이다. 그러나 부강한 국가를 지향하기 위한 전략이 성공하기 위해서는 나라 안의 통합과 균형이 필수 요건이다. 통합의 출발은 계층과 지역과 세대 간에 골이 깊어진 갈등을 치유하는 데서 시작되어야 한다. 그러나 법과 제도와 정책만으로 모두가 고르게 만족하기는 사실상 불가능하다. 우리가 겪어왔고 아직도 벗어나지 못한 분열과 갈등의 배경은 한마디로 이념의 차이고 그 차이의 핵심은 바로 분배 우선이냐, 성장 우선이냐이다. 그러나 인정할 수밖에 없는 것은, 그에 대한 선택이 참으로 어렵다는 점이다. 분배가 강조되면 성장이 저해되고 성장 위주는 분배에 소홀해지기 때문이다.

자본주의 시장경제의 틀 속에서 이 딜레마를 그런대로 극복하는 방안은 무엇인가. 바로 나눔이다. 나눔을 위해서는 삶의 가치관이 변해야 한다. 나보다 적게 가진 사람과 가지지 못한 사람에 대한 애정이 필요하다. 그들과 동행한다는 생각을 가져야 한다. 새 희망 찾기는 거기에서 출발한다. 이제 우리의 삶의 가치는 나누면서 함께 걷는 데서 찾아야 한다. 물질적 소유가 주는 기쁨보다 더 큰 가치는 나눔의 정신이다. 진정한 웰빙은 소유가 아니라 나눔을 뜻한다.

지난 연말을 전후해서 주목해야 할 사회현상이 확인됐다. 자선 행렬 등 나눔 문화의 확산 조짐이 바로 그것이다. 재산을 사회에 환원하기 위한 '유산 남기지 않기 운동'도 활발해지는 추세라는 언론보도도 있다. 새 희망의 싹이 거기에 있다. 4월에는 나무와 함께 새 희망으로 나눔의 문화를 심어 가꾸어 나가야겠다. 공동체 구성원들의 그런 합의야말로 새 희망을 만나는 길이 아니겠는가.

어딘가에서 읽은 미국의 이야기가 생각난다. 나눔과 관련해서 지금까지 감동으로 기억되는 사연이다. 미국 인디애나의 한 초등학교에 뇌종양으로 고통 받는 짐Jim이라는 학생이 있었다. 짐은 방사선 치료를 받는 과정에서 머리가 다 빠졌다. 다행히 치료 경과가 좋아 퇴원하게 되었다. 담임선생님이 종례 시간에 말했다.

"애들아! 내일 짐이 우리 곁으로 돌아온단다. 많이 위로해줘라."

수업이 끝났지만 그날만은 아이들이 우르르 몰려나가지 않고 조용했다. 곧 학생들 사이에 토론이 벌어졌다.

"어떻게 짐을 위로할까?"

한 학생이 말했다.

"짐이 머리가 다 빠졌다고 하는데 우리도 짐처럼 머리를 깎고 오자!"

다음날 아침, 짐이 등교해 보니 모든 남자애들이 빡빡머리였다. 모두 서로를 보고 웃었다. 곧이어 교실은 눈물바다가 되었다. 짐도 울었고, 선생님도 울었고, 반의 모든 아이들이 서로를 껴안고 울었다.

짐의 클래스메이트들이 우리에게 일깨우는 것은 무엇인가. 바로 나눔의 가치다. 더구나 고통의 나눔이다. 기쁨은 나누면 배가 되고 슬픔과 고통은 나누면 반이 된다는 잠언이 있지 않은가. 머리가 빠진 짐의 부끄러움을 친구들이 나누어 가졌던 것이다. 짐은 씩씩해졌을 것이다. 좀 거창한 해석이지만 이런 것이 진짜 휴머니즘이 아닐까. 어린이들은 한마음으로 그걸 실천한 것이다. 공동체의 화합을 위해 나눔의 힘은 그렇게 크다. 아니 나눔은 위대하다. 2011. 4. 2

다문화 시대, '웰빙'과 봉사의 삶

얼마 전 애농회愛農會를 발족시키면서 요즘 유행하는 '웰빙'과 봉사의 참뜻을 새삼 떠올렸다. 특히 한국 사회의 새로운 조류를 형성하고 있는 다문화 현상과 연결했을 때 그 의미는 단순한 봉사이거나 웰빙일 수 없다는 생각을 하게 됐다.

한국은 빠른 속도로 다문화 시대를 향해 이동하고 있다. 국내에 체류하는 외국인은 이미 120만 명을 넘어섰고 결혼이민자와 혼인 귀화자의 숫자도 21만여 명에 이른다. 해를 거듭할수록 외국인의 입국과 귀화는 늘어날 것이다. 다문화 가정이 늘어나는

것은 그들에 대한 복지정책 수요를 낳게 마련이다. 그러나 다문화 가정의 복지문제는 걸음마 상태다. 그들의 권익을 확보하기 위한 공동체도 터무니없이 모자라고 그 활동도 미미하기 짝이 없다. 대부분의 다문화 가정이 법적·제도적 혜택을 입지 못하고 있는 것이 현실이다. 이들에 대한 행복권 보장은 이제 국가정책 차원에서 검토해야 하는 상황에 이르렀다.

한국의 산업화는 새마을 운동을 통해 집결된 주민들의 자조·자립 정신에 그 성공의 기반을 두고 있다. 다문화 가정이 뿌리를 내리는 방안의 하나로 새마을 운동은 타산지석他山之石이 될 수 있다고 생각한다. '다문화 애농회'의 기능과 활동 방향도 여기에 맞춰져 있다. 우선, 다문화 농가가 생산한 농산물을 애농회를 통해 유통시켜 경제적 안정을 도모하는 역할을 하게 된다. 이를 위해 한국다문화지원협의회가 시장가격보다 높은 값에 애농회의 농산물을 구매하는 방식으로 다문화 가정을 지원하게 된다. 따라서 애농회는 다문화 가정이 자조·자립하는 데 구심체 역할을 할 수 있게 되는 것이다.

'밥이 사랑'이라고 했다. 쌀 등 농산물은 사람의 기본적인 생존 뿐 아니라 행복한 삶의 절대적 조건이라는 뜻이다. 제값 받는 농산물의 유통은 다문화 가정이 행복을 누리는 필요조건이다. 그래서 애농회는 모든 다문화 가정이 참여하는 행복한 공동체를 지향한다. 공동체가 다문화 가정을 아우르는 핵심으로 자리 잡는다면 한국은 산업화에 성공했던 것처럼 다문화 시대를 슬기롭게 정착시킨 세계적인 모범사례로 평가 받을 것으로 믿는다.

‘나눔’은 ‘섬김’과 함께 시대의 화두이다. 나눔과 섬김을 실천하는 것도 애농회가 해야 할 일이다. 섬김과 나눔을 봉사라고 한다면, 애농회를 통해 구입한 쌀로 굶주리는 북한동포를 돕는 것은 뜻있는 봉사의 실천이 된다. 정부의 정책과는 별도로 애농회가 민간 차원에서 북한에 쌀 보내기 운동을 펼친다면, 그리고 그쌀이 다문화 가정이 생산한 것이라면 그 이상 진정한 인도적 지원이 어디 있겠는가. 한국사회에서 소외감을 느끼며 살았던 외국출신 다문화가족이 북녘 땅 한국동포들에게 쌀을 보내는 것 이상의 나눔이 어디 있겠는가.

기쁨은 나누면 배가 되고 슬픔은 나누면 반이 된다고 한다. 애농회가 다문화 농가와 애환을 함께하는 화합의 공동체로 발전해야 하는 이유이다. 따라서 애농회의 캠페인이 범국민적 운동으로 확산되기 위해서는 다문화 농가의 참여와 협력이 우선이다. 다문화 농가는 애농회를 통해 화합과 평화의 길을 걸을 수 있다. 그래서 애농회의 활동은 평화운동이다.

애농회의 활동과 관련해 우리는 웰빙의 참뜻에 대해 성찰할 필요가 있다. 유행처럼 번지고 있는 웰빙의 진정한 의미는 단순히 ‘무엇을 먹고, 어떤 옷을 입고, 어떤 물건을 가지고 사느냐’는 문제에 국한되지 않는다. 그럼에도 불구하고 사람들은 물질적인 욕구 충족을 웰빙의 실체로 오해하고 있는 것이 현실이다. 그렇다면 진정한 웰빙은 무엇인가. 국립국어연구원이 '웰빙'을 대신할 우리말로 '참살이'를 선정한 것처럼 웰빙은 참다운 삶을 뜻한다. 참살이는 자신의 만족보다는 다른 사람의 부족을 먼저 생각하는 삶, 나를 위해서가 아닌 타인을 위한 봉사의 삶이다. 그래서 참살이는 탈脫물질주의와 인간사랑에서 출발해야 한다. 그것이 부박浮薄한 시대에 너나없이 휩쓸리는 욕망, 욕구, 집착에서 벗어나는 길이자 봉사의 삶으로 들어가는 길이다. 2011. 1.27

다문화 사회는 선택의 문제가 아니다

이제 외국인은 우리에게 그리 낯선 존재가 아니다. 길거리의 관광객으로 우리에게 다가왔던 외국인은 직장에서, 학교에서 친근한 동료이자 급우로 자리 잡았다. 국제결혼이 늘면서 외국인은 우리 동네의 친근한 이웃이 되었다. 공장지대를 끼고 있는 경기도 내 중소도시에는 외국인이 넘쳐난다. 한국의 경제 발전으로 자국에 비해 임금이 높아 동남아 국가의 근로자들이 몰려들고 있기 때문이다. 지난날 유학생이 귀국하면서 외국인 아내를 데려오던 국제결혼 방식은 동남아와 중국 여성을 연결하는 중매결혼 형태로 바뀌었다. 다문화 가정이 동남아 여성 중심으로 형성되고 있는 이유이다.

한국 거주 외국인 주민은 120만 명에 이르러 전체 인구의 2%를 넘어섰다. 이 가운데 한국 국적이 없는 사람은 83.6%, 국적 취득자는 6.7%, 자녀는 9.7%다. 또 외국인 근로자가 52%, 결혼이민자는 11%를 차지하고 있다. 농촌 지역의 경우 10쌍 중 4쌍 꼴로 국제결혼 커플이다. 다인종, 다문화 사회로 급격하게 이동하고 있다는 방증이다. 1997년 38만여 명이었던 것에 비하면 3배 이상 급증한 수치다. 2020년쯤에는 300만 명을 넘어선다는 전망도 있다.

다인종, 다문화 공동체로의 변화는 우리에게 국가적 정체성에 대한 숙고를 요구한다. 다른 눈동자, 다른 피부색을 가진 외국인을 동반자적 시각에서 바라보는 성숙된 의식이 필요한 것이다.

지난 2009년 12월 국회 다문화 포럼 대표인 한나라당 진영 의원은 다문화 통합 기본법을 발의했다. 외국인 이주민에 대해 법체계를 정비하고 행정 시스템을 마련한다는 것이 법안 발의 이유였다. 법안 내용은 국내 거주 외국인에 대한 성별, 인종, 피부색과 종교적 차별을 없애고 이주민 모국의 문화적 특성을 보존, 개발하자는 것이 주요 골자였다.

법안에 따르면 행정안전부 장관이 해마다 다문화 정책 기본 계획을 수립하고 다문화사회 통합기금을 설치하도록 했다. 한국 다문화재단을 설립해 실태 조사와 홍보를 맡기는 규정도 마련했다. 아울러 폭력과 차별 행위로부터 외국인 근로자와 결혼 이민자를 보호하기 위해 통역과 법률 상담, 직업 교육을 담당하는 다문화 보호시설도 설치하도록 했다. 국무총리 산하에 다문화정책위원회를 두고 차별 행위에 대한 실태 조사와 시정 조치도 내릴 수 있게 했다. 국가와 지방자치단체가 다문화 기념행사에 행정지원을

할 수 있도록 하고 취학 전 다문화 가족 아동의 보육과 학습지원
도 가능하게 했다.

진 의원은 "대한민국에 거주하는 개인이 성性과 인종, 피부색
이나 종교, 민족 및 종족의 기원, 사용하는 언어에 따라 차별받지
않고 문화적 특성을 보존하고 개발할 수 있도록 함으로써 21세기
성장의 키워드로 부상하고 있는 다문화 사회를 준비하기 위해 법
안을 발의했다."고 설명했다.

한국 사회는 국제결혼 등으로 이주민이 증가하면서 다문화 사
회로 진입하는 속도가 빨라지고 있다. 이런 시점에서 순혈 민족
주의 시각을 세계 시민주의 관점으로 전환하려는 시도는 매우 중
요한 의미를 갖는다.

그러나 문제를 풀기 위한 접근방식은 고민할 필요가 있다. 우
선 다문화 현상을 문제해결 중심으로 접근하기보다는 가능성 중
심으로 접근하는 정책적 사고의 전환이 필요하다. 다문화를 국제
협력 관계에서 중요한 요소로 생각하고 다문화 가족 문제를 국제
사회와 연계해 다루고자 할 때 정책적 사고의 전환은 가능해진다.

유럽 대륙이 EU공동체로 전환한 것이 좋은 예다. 영어, 독일
어, 프랑스어, 이탈리아어, 스페인어 등 언어는 다양하지만 그리
스 로마시대로부터 내려오는 문화적 유산을 갖고 있다는 공통분
모가 그들의 통합을 가능케 했던 것이다. 이들은 국경을 초월하

여 정치, 경제, 사회, 문화적 통합을 지향하는 새로운 시도를 보여주고 있다.

한국은 전통적으로 순혈주의에 대한 자부심으로 타민족 타문화에 대한 배타적 성향이 강했다. 이런 의식은 글로벌 시대에 국가경쟁력을 기르는 데 도움이 되지 않는다. 이미 시작된 글로벌 시대를 감안하면 다문화 가족과 자녀들은 우리의 경쟁력을 높이는 인재의 산실 역할을 할 수도 있기 때문이다.

따라서 다문화 가족에 대한 한국어 교육, 상담, 취업알선 등 일차적인 문제해결 위주의 정책에 안주하면 곤란하다. 오히려 다문화 가족 모국과의 교류협력 사업을 추진하는 것이 세계 시민주의를 실현하는 방안이 될 수 있다. 다문화 가족을 위한 교육사업, 문화사업, 경제 활동을 지원하는 정책도 필요하다. 전향적인 다문화 정책은 우리나라를 열린사회로 나아가게 해 문화와 전통이 다른 여러 나라와 공존할 수 있도록 해준다는 점을 유념해야 한다. 2009.08.12

슬픈 이주 여성

2009년 1월 30일 가정 폭력에 시달리던 18세 캄보디아 여성이 칼로 남편을 찔러 숨지게 했다. 술을 마시고 자신을 구타하는 남편으로부터 자신과 임신 3개월의 아이를 지키기 위해서였다. 2007년 6월 베트남 여성 후안마이 씨는 술 취한 남편의 폭력으로 목숨을 잃었다. 2008년 1월 베트남 여성 쩐 타이란 씨는 남편의 폭력을 견디다 못해 아파트에서 뛰어내려 스스로 목숨을 끊었다. 이들은 모두 한국인과 결혼한 이주 여성들이었다.

2009년 말 현재 다문화 가정의 이주 여성은 15만 명을 돌파했다. 조선족이 54%, 동남아인이 32%다. 다문화 가정 이주 여성들은 모국보다 경제 사정이 좋은 한국에서 행복한 가정을 이루려는 꿈을 안고 이주를 결정한 경우가 많다. 그러나 남편의 폭력, 시부모의 의심과 감시, 불안정한 체류 조건 탓에 힘든 시간을 보내야 하는 실정이다.

여성가족부가 2006년 실시한 결혼이민자 가족 실태 조사 결과 여성 결혼이민자의 약 18%가 남편의 폭력을 경험한 것으로 나타났다. 이주 여성인권센터의 실태 조사에서도 20%가 신체폭력, 언어폭력, 유기, 성적 학대를 경험한 것으로 드러났다.

우리사회는 다문화 가정을 수용하는 것처럼 보인다. 정부와 지자체뿐만 아니라 NGO, 학교, 유치원에서도 다문화 관련 행사가 줄을 잇는다. TV프로그램에 출연하는 다문화 가족도 흔히 본다. 기업도 앞다퉈 합동결혼식을 주선하고 어울림 한마당, 문화체험, 컴퓨터 교육 등 다양한 지원 행사를 벌이고 있다.

우리는 순혈주의에서 벗어나 열린 다문화 사회를 만들자고 말한다. 다문화 가정은 우리의 이웃이며 함께 살아가야 할 당당한 한국사회의 구성원이라고도 한다. 그러나 이러한 겉모습 뒤에는

인권조차 박탈당한 다문화 가정 이주 여성들의 슬픔과 비극이 숨
어 있다.

인권의 사각지대로 내몰린 이주 여성들은 대부분 국제결혼 중
개업자를 통해 입국했다. 중개업자들은 이윤 추구를 위해 여성을
상품화하고 한국 남성에 대한 거짓 정보를 제공해 불행한 결혼의
불씨를 제공하고 있다. 2007년 여성가족부 조사 결과 이주 여성
의 44%가 배우자에 대한 정보가 달랐다고 응답한 것으로 밝혀졌
다. 허위사실 유포에 대한 형사처벌과 피해자 보호법안이 시급히
마련되어야 하는 이유이다.

현지 브로커와 연결된 불법 중개 행위를 막을 수 있는 국제 공
조도 필요하다. 이들은 국제결혼 중개업에 대한 비난이 거세지자
이주 여성 출신국의 현지인과 결탁해 법인을 설립하고 인신매매
수준의 결혼 중개를 하고 있다. 현지 영사관의 출국 심사를 강화
하고 NGO와 협력체계도 구축할 필요가 있다.

이주 여성들은 이제 우리의 이웃이 되었다. 그들과의 혈연은
이 시대를 사는 우리에게 다문화 사회에 대한 새로운 성찰을 요
구한다. 그들은 우리의 관용과 화합 의지를 시험하고 있다.

2009. 6.25

사회통합 이수제의 허점

현실성 없는 사회통합 이수제 시행으로 이주 노동자와 결혼이민자들이 울상이다. 법무부는 2008년 4월 결혼이민자 여성들이 한국어와 우리사회의 제도, 문화에 대한 기본 이해가 부족해 사회적응에 곤란을 겪고 있다고 밝히고 2009년 1월 1일부터 사회통합 이수제를 전면 시행하겠다고 밝혔다. 사회통합 이수제란 이주 여성들에게 한국생활에 필요한 한국어, 다문화 교육 등 일정 시간의 기본교육을 이수하도록 만든 제도이다.

논란의 중심은 이 제도를 이주 여성의 국적취득과 연결시킨 점이다. 일반 귀화자가 한국 국적을 취득하기 위해서는 귀화필기시험 등 귀화적격심사를 통해 국어능력과 기본소양 평가를 받아야 한다. 이에 비해 결혼 이주 여성은 귀화필기시험이 면제되고 2년 이상 국내에 체류하면 한국 국적취득이 가능하다.

그런데 법무부는 이번에 이주 여성에게 면제되었던 귀화필기시험을 부활하고 귀화필기시험을 볼 수 없을 경우 사회통합 이수제에 참여해야 한다고 제도를 바꾼 것이다. 따라서 이주 여성은 한국 국적을 취득하기 위해서는 귀화필기시험과 이수제 중 하나를 선택해야 한다.

법무부가 제시한 사회통합 이수제의 시행에 대해 많은 이주 여성 관련 단체들은 제도의 문제점을 지적하고 이를 반대하는 공동

성명서를 발표했다. 법무부는 희망자에 한해서만 이수제를 시행
하겠다고 한발 물러나 올해 4월부터 결혼이민자, 중국동포 등 신
청자를 대상으로 사회통합 교육을 실시하고 있다.

그럼에도 불구하고 이 시점에서 법무부의 이수제가 과연 필요
한가에 대해 다시 한 번 되짚어 볼 필요가 있다. 사회통합 이수제
의 도입배경과 사업의 필요성 자체에 대해 많은 의문이 들기 때
문이다. 첫째, 법무부의 사회통합 이수제가 도입된 전제가 부당
하다는 점이다. 법무부는 이주 여성들이 한국거주 기간에 비하여
한국어 능력과 한국사회에 대한 기본이해 수준이 현저히 떨어지
고 이로 인해 이주 여성 뿐만 아니라 2세들까지 교육과 취업의
기회에서 소외돼 취약계층으로 전락한 것이 이수제를 도입한 이
유라고 밝혔다. 사회통합 이수제가 필요한 이유를 이주 여성 개
인의 책임으로 보는 시각이다.

법무부의 주장처럼 이주 여성들에게 한국어 구사 능력과 한국
사회에 대한 이해는 필수적이다. 그러나 이주 여성들이 지역사회
에 정착하지 못하는 현상은 이들에 대한 한국인의 차별, 주류집
단 진입을 막는 사회정책과 제도, 낮은 근로조건 등 사회 구조적
문제 때문이다. 따라서 적응하지 못하는 이유를 이주 여성의 한
국어 능력부족으로만 보는 것은 단순하고 편협한 시각이다.

두 번째, 사업이 중복되어 있다는 점이다. 사회통합 이수제 프
로그램은 기초부터 고급과정까지 한국어 교육과 우리사회를 이

해하기 위한 교육으로 나뉜다. 법무부는 이수제를 운영하기 위해 각 단체의 신청을 받아 심사를 거쳐 전국에 20개 교육기관을 지정했는데 이는 기존의 이주 여성 관련 지원 단체와 NGO에서 시행하고 있는 교육 프로그램과 별반 다르지 않다. 이미 다문화가족지원센터를 비롯해 외국인 노동자 관련 센터 등 많은 사회단체에서 실시하고 있는 프로그램을 또다시 시행하는 것은 그 타당성을 확보하기 어렵다. 사업의 중복으로 예산을 낭비하는 것은 심각한 문제다.

세 번째, 사업의 효과가 미미하다는 점이다. 이수제의 목적은 이주 여성들의 한국어 구사능력을 향상시키고 한국사회의 제도와 문화, 역사에 대한 이해를 높여 한국생활을 원만하게 하도록 지원하는데 있다. 이주 여성들의 지역사회 장착을 위해서는 물론 본인의 노력이 중요할 것이다. 그러나 이와 더불어 한국인 남편과 가족, 지역주민의 도움이 필요하다.

특히 우리나라는 이주 여성의 국적을 취득하가나 체류허가를 받을 때 남편이 신원을 보증하는 우월적 지위를 인정하고 있으므로 남편들에 대한 교육이 필요하다. 최근 잇따르고 있는 이주 여성들에 대한 가정폭력과 인권유린은 한국인 남편에 대한 교육 부족에서 비롯되었다고 볼 수 있다.

그럼에도 불구하고 이수제는 모든 문제의 원인을 결혼 이주 여성에게만 돌리고 교육마저 단편적이고 획일적인 프로그램만으

로 실시하고 있다. 타당성과 실효성 면에서 여러 문제점을 안고
있는 사회통합 이수제는 재검토되어야 한다. 문제의 근원을 이주
여성에게서만 찾는 차별적 인식이 아니라 우리사회가 안고 있는
구조적 문제점을 인정하고 이를 교육에 반영하는 이수제가 되어
야 한다.   2009. 7.30

정신지체 장애인의 인권

　강제 격리 수용 말고도 정신장애인을 괴롭히는 것은 사회의 차
가운 시선이다. 그들은 대부분의 장소에서, 그리고 대부분의 사
람들로부터 외면당한다. 외면은 그들에게 또 다른 상처를 안긴
다. 정신장애는 두뇌의 상처이지만 사회의 냉소는 마음의 상처이
다. 그래서 그들은 이중의 상처를 안고 산다. 법에 의해 보호 받
지 못하고 정상인으로부터 멸시 당하는 현실에서 그들은 절망할
줄도 모른다.

　가족은 본인보다 더 괴롭다. 특히 부모는 또 다른 천형의 아픔
을 겪는다. 정신장애인 아들딸을 기를 수는 있다. 그러나 자식을
낳은 한을 없앨 수는 없다. 그보다 더 큰 한은 자식보다 먼저 떠
나야 하는 데서 오는 한이다.

　정상인이 정신장애인이 되는 경우도 많다. 그러나 정신장애는
질병의 성격상 재발률이 높다. 치료와 재발을 반복하는 경우가
대부분이다. 영구 장애가 오기도 한다.

　국가인권위원회가 발표한 '정신장애인 인권보호와 증진을 위한 국가보고서'에 따르면 정신장애인의 인권침해가 어느 정도인지 짐작케 한다. 정신보건시설에서 치료중인 환자 6만8천여 명 가운데 86%가 본인의 뜻과 관계없이 치료기관에 입원하는 것으로 드러났기 때문이다.

　비자의적 입원이 3%~30% 정도인 경제개발협력기구OECD의 다른 나라들과 비교하면 그 심각성이 더하다. 정신장애인의 강제 격리는 대부분 보호의무자나 주변의 요구로 이루어지는데 강제 입원으로 정신장애인을 인권의 사각지대에 방치하는 것은 옳은 일이 아니다.

　정신장애인의 입원 격리는 보호자와 병원의 판단이 거의 절대적이다. 양측이 합의할 경우 환자 본인의 의사는 무시된다. 입원 기간도 환자 스스로 결정하기 어렵다. 6개월 이상 강제격리 환자는 53%, 평균 입원일수도 OECD 평균 30일에 비해 233일에 이른다고 국가인권위원회는 밝혔다.

　정신보건시설에 들어간 환자의 절반 이상이 입, 퇴원과 관련한 사항을 설명 받은 적이 없는 데다 30% 이상은 시설에서 강박을 당한 경험이 있는 것도 문제다. 보고서가 '정신장애인 대부분이 자신이 받는 치료에 대한 알 권리나 신체의 자유 등 기본적 인권이 무시당하고 있다'고 결론지은 것도 무리가 아니다.

　UN은 1991년 '정신장애인 보호와 정신보건의료 향상을 위한 원칙'을 채택하고 "모든 정신장애인과 정신장애 치료를 받고 있는 사람은 인간으로서 고유한 존엄성을 토대로 한 인류애와 존경을 바탕으로 치료받아야 한다."고 선언했다. 또 '정신장애를 이유로 차별을 금지하고 정신장애인은 지역사회에서 치료를 받고 치료 뒤 사회에 복귀해 지역사회에서 생활하고 노동할 권리를 가진다'고 명시했다. UN선언 이후 대부분의 선진국들은 정신장애인들에 대한 정책을 '사회로부터의 격리와 정신장애 시설에서의 보호'에서 '지역사회를 중심으로 한 예방과 재활 그리고 사회복귀'로 전환하여 정신장애인들의 인권과 삶의 자유를 보장했다.

우리나라가 그렇지 못한 것은 정신장애를 유전적 천형이나 사회복귀가 불가능한 질환으로 여기는 뿌리 깊은 편견 때문이다. 그러다 보니 UN선언 이후 20여 년이 지난 지금도 '예방과 재활 그리고 복귀'가 아니라 '격리와 보호'에 머물러 있는 것이다. 정신장애인도 인간으로서 권리를 지닌 주체다. 더 이상 이들을 인권이 존중받지 못하는 사각지대에 있게 해서는 안 된다. 그들을 차별로부터 보호하고 적절한 치료를 통해 사회에 복귀할 수 있도록 방안을 강구해야 한다.

국가인권위원회가 정신보건법에 자의 입원 원칙을 명문화하도록 제안하고 환자에 대한 정보 제공, 외부와의 소통권 강화 조항을 신설하도록 권유한 것은 정신장애인 인권보호의 첫걸음이다. 그러나 입, 퇴원 등 절차적인 문제해결이 정신장애인이 안고 있는 문제를 모두 해결해주지는 않는다. 국가인권위원회가 정부 차원의 대책 수립을 권고한 것은 국가가 소외계층을 위해 나서야 한다는 것을 뜻한다.

격리 수용과 치료는 병원의 몫이다. 그러나 사회복귀는 사회의 몫이다. 시설을 통한 격리 위주의 정책에서 예방과 치료, 재활을 통한 사회복귀가 쉬운 일은 아니다. 어쩌면 방대한 사회적 네트워크가 필요할지 모른다. 예방시스템이 제대로 가동되려면 가정과 지역, 국가 그리고 종교까지 손을 잡아야 할지 모른다.

2009.11.20

저출산 해결에 국가 미래가 달렸다

사회학자 벤 워턴버그는 "자본주의가 최고의 피임법이다."라고 했다. 자본주의가 고도성장단계에 접어들면 출산 기피 현상이 가속화 한다는 얘기다. 세계적인 저 출산 현상을 두고 "잘 사는 국가는 집단자살을 범하는 중."이라고 말한 인구학자도 있다. 우리나라를 두고 한 말처럼 들린다.

'하나씩만 낳아도 삼천리는 초만원'이라며 콘돔까지 나눠주었던 나라가 우리나라였다. 그 탓에 출산율은 1970년 4.53명에서 2005~2010년 1.13명으로 줄더니 최근에는 세계평균(2.56명)의 절반, 선진국(1.64명)보다 낮은 수준으로 떨어졌다. 하락 속도는 세계 최고 수준이다. 세계에서 인구정책이 가장 성공한 나라로 기록되는 불명예도 안았다.

그 결과 한국은 급속히 늙어가고 있다. 9명 중 1명이 65세 이상 노인이다. 결국, 적게낳기운동은 막을 내렸고 한국은 노쇠한 나라로 전락할 것이라는 예측이 나왔다. 통계청에 따르면 건국 100년을 전후한 2050년 우리나라의 통계상 인구는 4천234만 명, 그 가운데 38%가 65세 이상 노인이 될 것이라고 한다. 인구가 40년 만에 지금보다 640만여 명 감소하는 대신 노령 인구는 3배 이상 폭증한다는 얘기다. 중위권 연령도 지금의 37.3세에서 56.7세로 치솟는다.

저출산이 우리의 미래에 끼치는 영향은 매우 비관적이다. 출산율이 낮아지면 생산 인구가 줄고 고령화로 부양 인구는 늘어나 경제가 활력을 잃는다. 생산인구의 감소는 경제성장률과 저축률의 하락을 부른다. 부양 인구의 증가는 사회보장과 조세부담률을 높인다. 분단 상황 속에서 군 자원도 줄어 군대를 적정 규모로 유지하기 어려워진다.

옥스퍼드 인구문제연구소 데이비드 콜만 교수는 이를 '코리아 신드롬'이라고 불렀다. 이대로 간다면 한국은 지구촌에서 사라지는 최초의 국가가 될 것이라고 예측했다. 유엔미래포럼도 출산율이 1.10명 수준을 유지하면 2305년 한국에는 남자 2만 명, 여자 3만 명 정도만 남게 될 것이라고 경고할 정도다.

한국은 '국가가 없어지기 전에' 하루라도 빨리 아이를 많이 낳는 나라로 바뀌어야 한다. 그러기 위해서 출산과 육아에 친화적인 환경을 만드는 게 우선이다. 몇 해 전 한국을 방문한 수바시 굽타 유엔인구기금UNFPA 재무국장은 "노르웨이처럼 사회시스템이 받쳐 주지 않으면 출산율은 높아질 수 없다."고 말했다.

한국사회는 엄청난 사교육비와 천정부지로 치솟는 집값 등으로 인해 부모가 자녀를 키우기 어려운 구조적 결함을 갖고 있다. 사회·경제 구조 전반을 바꾸지 않고 출산 장려금을 지원하는 정도의 정책만으로는 인구 늘리기가 사실상 불가능하다. 혼인을 앞둔 청년세대에게 출산과 양육에 대한 두려움을 갖지 않게 하는 구조변화가 정책의 핵심이 되어야 한다.

우리나라는 공교육비 지출 비중이 세계경제포럼의 2007년 조사 대상국 127개국 가운데 71위 수준이다. 학생 1인당 공교육 지출 비중은 초·중·고·대학 교육과정 모두 OECD 국가 중 하위권이다. 유럽 선진국 대부분은 정부가 대학 학비를 지불하지만 한국은 미국처럼 각 가정이 학비를 부담해야 한다. 대학 연간 등록금 1천만 원 시대를 살아야 할 부모는 아이 낳는 것이 무섭다. 문제는 부모의 이 두려움에 대한 정책적 공감이 아직도 턱없이 취약하다는데 있다.

그래서 인구정책은 가장 먼저 교육비용을 획기적으로 줄이는 것에서 출발해야 한다. 현재 사교육 시장에 퍼부어지는 자금을 공교육 현장에 투입할 수 있는 정책여건만 마련된다면 이룰 수 없는 목표도 아니다. 어린이, 청소년, 대학생이 이용하는 마을 공공도서관, 공부방, 공공보육센터, 플레이 룸, 학부모 모임센터를 교육공간으로 활용하는 아이디어도 필요하다. 다자녀 가구에 대한 주거생활지원 방안도 마련할 필요가 있다.

중앙정부와 지자체가 출산비와 불임치료비를 지원하고 있지만 낳은 뒤 기르는 두려움 탓에 효과는 그리 크지 않다. 갈수록 높아지는 생계비와 교육비 증가는 차라리 공포 그 자체이다. 기업도 탄력근무제 등을 확대해 직원들의 출산과 육아를 돕고 정부는 세제 지원 등으로 출산을 장려하는 기업의 부담을 덜어주는 것도 여러 방법 가운데 하나이다.

부부가 육아 부담을 동등하게 가지는 여건 마련도 필요하다. 국회 예산 정책처가 발표한 보고서도 '아빠가 육아의 중심에 서지 않으면 아무리 출산장려 비용을 늘려도 출산율은 올라가지 않는다'고 지적했다. 스웨덴을 비롯한 북유럽 국가는 육아 휴직의 일부를 반드시 아빠가 쓰도록 법제화하자 출산율이 올라가는 성과를 거뒀다고 한다. 정부가 당장 이같은 정책을 펴기에는 어려움이 있을 수 있다. 그러나 나라가 없어지지 않으려면 무엇인들 못하겠는가. 2009.12.10

아이가 미래다

'Double income, No Kids.' 아이를 갖지 않는 맞벌이 부부를 일컫는 유행어다. 이른바 '딩크족'이다. 딩크족이 지향하는 삶의 목표는 자유와 풍요이다. 부부가 함께 벌어 수입은 두 배로 늘리는 대신 아이에게 자유를 구속 당하지 않는다는 것이 생활방식이다. 그들은 자녀 중심이 아닌 부부 중심의 삶을 통해 돈과 자유를 함께 얻으려 한다.

　아이를 가질 필요성을 느끼지 못한다는 딩크족의 사고는 저출산과 직결된다. 한국은 출산율이 가장 빠르게 낮아지는 나라이다. 2005년 1.08명으로 세계 최하위를 기록한 이래 4년 연속 하락률 1위 자리를 지키고 있다.

　저출산은 시한폭탄과 다름없다. 출산율 저하는 노동력의 감소로 연결되고 노동력의 감소는 국가경제의 규모를 축소시키기 때문이다. 생산성이 지속적으로 하락하면 한국은 다시 가난했던 시절로 되돌아갈지 모른다. 또 아이를 갖지 않으려는 사회현상은 고령화를 부른다. 통계청에 따르면 일할 수 있는 생산 가능 인구는 2016년을 정점으로 감소하기 시작한다고 한다. 일할 사람은 없는데 노인인구가 늘어나면 노인을 부양해야 하는 젊은이의 부담이 늘어난다. 2005년에는 생산가능 인구 7.9명이 노인1명을 부양했다. 그러나 현재와 같은 속도로 출산율이 감소한다면 2050년에는 1.4명이 노인 1명을 부양해야 한다.

　노인 인구의 증가는 고령화와 관련된 사회적 비용의 지출 증가로 나타나 국가 재정을 압박하고 재정 악화는 증세로 해소할 수밖에 없을지도 모른다. 딩크족의 증가가 부를 수 있는 악순환의 시나리오이다.

　저출산 현상은 사교육비 증가와 부동산 가격 상승이 직접적인 원인이지만 가치관의 변화와도 무관하지 않다. 딩크족은 결혼을 하면 당연히 아이를 낳아야 한다는 기존의 가치관 대신 자녀를 개인과 부부의 행복을 위한 선택사항으로 간주한다. 정부에서는 딩크족의 증가를 막기 위한 방안으로 1인 가구나 자녀가 없는 가구에 세금을 더 내게 하는 세재 개편 방안을 마련한다고 하지만 딩크족의 가치관을 변화시킬 정도의 효과적인 방안인지 의심스럽다.

그보다는 출산의 중요성에 대한 가치관 교육이 더 필요하다. 딩크족은 가정보다는 개인의 삶에 더 높은 가치를 부여한다. 그러나 가정에서 사랑 받으며 성장하지 않은 사람이 정상적인 사회인이 되지는 않는다. 가정이라는 공동체를 떠나 혼자의 힘만으로 성장할 수도 없다. 그래서 가족의 가치를 회복하는 것만큼 중요한 것은 없다. 아이를 낳는 기쁨, 자녀의 성장을 지켜보는 즐거움보다 더 큰 행복은 없다.

딩크족의 삶은 당장 풍요로울지 모른다. 그러나 가족의 가치는 사라지고 사회는 늙어간다. 국가의 미래도 담보할 수 없다.

기로棄老 세태

옛날 중학교 동기생 세 분이 계신다. 연세는 90세, 중학 동기생 160명 중 마지막 생존자들이다. 어느 날 한 분이 나머지 두 분에게 전화를 걸어 일방적으로 통보했다. "야! 오늘부터 내가 동기회 회장을 하겠다. 너희들 동의하지?”

그 날부터 회장은 2명뿐인 회원을 위해 ‘막중한’ 임무를 수행하기 시작했다. 임무는 매일 아침 두 친구의 안부를 전화로 묻는 일이다. 한 분은 거동이 불편 할 정도로 기력이 쇠잔해가고 있다. 그러나 동기회장을 자임한 친구의 안부 전화 덕분에 매일 즐겁다. 사연을 들려준 친지는 ‘세상에서 가장 아름다운 동창회’라고 했다. 그분들이 매일 안부 전화를 주고받는 것은 외롭기 때문이다.

그 분들은 망국의 시대에 태어나 90년 풍상風霜의 세월을 살면서도 효孝를 실천하려고 애썼던 세대다. 어려웠던 시절 자식의 성장을 위해 풍찬노숙風餐露宿의 고통도 마다하지 않았던 세대이기도 하다. 그런데도 그 분들은 효孝라는 단어의 뜻조차 진부해진 시대에 산다. 선인들이 가르친 사친이효事親以孝나 불효부모사후회不孝父母死後悔는 거실의 액자 속에서도, 이발소의 거울 위에서도 이미 오래 전에 사라졌다. ‘집에 들면 효孝하고 나가면 제悌하라’는 공자의 잠언도 자식들의 귀에 들어오지 않는다.

동양 사회에는 생활이 궁핍해지면 집안 노인을 산에 유기遺棄하는 기로棄老 풍습이 있었다. 우리나라에서는 고려장高麗葬이었다. 젊은이들에게 부모가 몇 살까지 살기를 원하는지 물었더니 70세라는 답변이 가장 많았다는 설문 조사 결과가 있다. 자식세대의 무의식에 기로棄老가 잠재해 있다는 애기다.

고려장만 기로가 아니다. 산 자에 대한 무관심도 또 다른 고려장이다. 살아 있으면서 버림받은 사람들, 그 어른들의 고통은 견디기 어려운 또 다른 노고老苦다. 서울 탑골 공원 주변과 종로 3가 전철역 지하 공간은 무관심으로 '버려진 노인'들의 쉼터다. 그들은 가정에서 거의 하루도 빠짐없이 '쫓겨난다'. 그들에게 가정은 이미 위로의 공간이 아니다.

노인은 가정에서 애완견만 못하다는 우스개가 젊은 세대에게 그다지 충격으로 다가오지 않는 세상이 되었다. 핵가족화가 원인일 수도 있을 것이다. 노인 인구의 증가가 이유라는 지적도 있다. 앞만 보고 달리는 사회풍조 때문이라는 분석도 있다. 무엇이 원인이든 지금 노인들은 버려지는 것 아닌가.

어떤 사회에도 노인 없는 젊은 세대는 존재하지 않는다. 노인은 지난 시절 그들을 키웠던 젊은이의 DNA이기 때문이다. 국가는 정책으로 노인 문제에 접근하고 자식은 마음으로 접근해야 한다. 자식 세대의 이해와 정서적 지원이 노인의 외로움을 달래는 가장 좋은 방법이다. 우리를 낳고 길렀던 노인들, 그들은 이제 병들고 약해지고 쓸쓸해졌다. 연약하고 기댈 곳 없는 노인에 대한 가족의 성찰이 필요한 시점이다. 꽃병은 깨지기 쉬운 탓에 소중하게 다루어야 한다. 2009.10. 1

복지는 필수다

최근 정치권과 사회에서 불씨를 지핀 복지논쟁의 저변에는 향후 우리의 삶의 질에 대한 고뇌가 깔려 있다. 보편적 복지와 선택적 복지를 놓고 벌이는 갈등과 논쟁은 그 귀착점에 따라 생활방식의 변화를 부를 것이다. 성장인가, 분배인가로 갈리는 거시경제적 시각도 논쟁의 한 축이다. 중산층에 혜택을 줄 것인가, 가난한 계층을 지원할 것인가에 따라 정부의 재정 운영 방향은 달라진다.

복지 논쟁은 내년 총선과 이어지는 대선에서 최대의 쟁점으로 부각될 것이 확실하다. '내년 선거에서 복지이슈가 어느 정도 영향력을 미칠 것으로 생각하느냐'는 질문에 77%가 '영향이 있을 것'으로 응답한 최근 언론의 여론조사 결과는 정치 없는 복지도, 복지 없는 정치도 존재할 수 없다는 사실을 증명했다. 정치와 복지는 칼날의 양면으로 맞물려 있다.

복지는 이제 선택이 아닌 필수이다. IMF사태와 금융위기로 증폭된 중산층의 몰락과 부의 양극화 현상은 정치권이 정파에 관계없이 해결해야 할 필수과목이라는 인식에 동의하게 만들었다. 문제는 복지혜택의 범위와 재원 마련이다. 야당은 무상교육, 무상의료, 반값 등록금 등 보편적 복지를 주장한다. 그러나 경제적 지위에 관계없이 공평하게 복지혜택을 누리게 하려면 재원이 필요하고 재원은 세금과 직결된다. 무책임한 복지 포퓰리즘이라는 말은 여기서 나온다.

여당의 복지 패러다임은 선별적 복지이다. 저소득층 중심의 선택적 복지를 추진해 소득보장 대신 생활복지를 추구한다는 것이 핵심이다. 선별적 복지는 한정된 국가재정의 범위 안에서 복지와 일자리 마련 등을 함께 추진하는 것이다.

박근혜 전 한나라당 대표가 최근 국회에 제출한 사회보장기본 법안도 주목의 대상이다. 제안의 골자는 평생 사회안전망 구축이다. 일생 동안 생애 구간별로 필요한 서비스를 제공하고 소득보장 대신 생활보장 중심으로 사회안전망을 구축해 소득과 서비스가 균형을 이루는 복지 패러다임을 만들자는 것이다.

논쟁의 핵심인 재원 확보 문제는 양측의 주장이 극명하게 엇갈린다. 여당은 천문학적 재원 확보는 현실적으로 불가능하다는 입장인 반면 야당은 조세정의 구현으로 재원 창출이 가능하다는 입장이다. 또 여당은 야당의 주장을 표를 얻기 위한 싸구려 포퓰리즘으로 비판하고, 야당은 복지를 국가발전의 모델로 발전시켜야 한다고 주장한다.

보편적 복지를 추구하는 쪽은 '보편적 복지를 단순히 정치적으로 표를 얻기 위해 만들어낸 싸구려 포퓰리즘으로 몰고 가는 것은 명백한 역사의 후퇴'라고 말한다. 복지에 엄청난 재정이 투입될 수밖에 없는 문제를 건드려서 보편적 복지 주장을 무력화시키려 한다는 것이다. '천문학적 재원이 들어가기 때문에 실현 불가능한 정책을 정치인들이 표를 얻기 위해 마구 남발한다' 는 식으로 말이다. 그들은 보편적 복지에는 누진적인 증세가 필연적이며 누구에게나 혜택이 돌아가는 탓에 부자나 정치권에 기대어 얻어지는 것이 아니라고 주장한다.

또 '보편적 복지는 사회 구성원들이 능력에 따라 부담하는 세금에 의해 이루어져야 하는데도 불구하고 부유층과 서민층 모두에게 세금폭탄이 된다는 논리로 조세정의 구현을 막고 있다'고 말한다. 현 정부의 감세정책이 상위 3%의 대기업과 상위 5%의 부자들을 위한 정책이라면 증세는 대다수의 국민들을 위한 정책이 된다는 것이 그들의 주장이다.

최근, 김황식 국무총리는 취임 직후 가진 첫 기자간담회에서 "지하철 노인 무임승차와 학교 무상급식은 과잉복지의 사례이며 부자와 가난한 사람이 모두 혜택을 받는 보편적 복지에 반대한다."고 밝혀 복지 논쟁에 또 다른 불씨를 던졌다. 김 총리는 "복지도 원칙이 있어야 한다. 복지가 포퓰리즘으로 흐르거나 응석받이 어린이에게 하듯 복지를 무조건 줘서는 안 된다."고 말했다. 복지정책에 대한 김황식 국무총리의 입장은 선별적 복지정책을 펼치고 있는 정부의 입장을 고려한 것으로 보인다.

김황식 국무총리가 정치적 부담을 감수하면서까지 복지 논쟁의 포퓰리즘과 과잉 복지를 언급한 것은 주목할 만하다. 총리 발언의 저변에는 복지행정의 잘못된 방향과 문제를 제기해 이를 바로잡아야 한다는 인식이 깔려 있다. 수요자 심사과정에 엉터리가 많아 지원금의 약 30%가 낭비되고 이미 사망했는데도 기초노령연금을 수령하는 자가 많다는 사실은 작게 볼 문제가 아니다.

그러나 노인들의 지하철 무임승차를 과잉 복지의 대표적인 사례로 든 것은 부적절했다. 2008년부터 정부는 노인의 70%에 대해 기초노령연금을 지급하고 매월 1만2천 원 씩 지급하던 교통 수당을 폐지했다. 1984년 도입한 지하철 무임승차제도는 공공시설 이용에 대한 보편적 복지 차원에서 시작한 것이다. 특히 지하철을 이용하는 노인의 대부분은 기초노령연금 대상인 '70%의 노인'에 해당돼 총리가 지적한 '지하철 무임승차 부자 노인'은 무시해도 될 만큼 미미한 수준이다.

부적절한 사례를 들었다 할지라도 김황식 국무총리가 핵심으로 지적한 과잉 복지 문제는 결코 가볍게 생각해서는 안 될 주제이다. 보편적 복지와 선별적 복지를 둘러싼 문제는 앞으로 우리나라의 복지 정책의 근간을 결정할 중대한 사안인 만큼 사회적 논의와 토론을 통해 충분히 공론화되어야 한다.

불필요한 사람에게 지급되거나 혹은 중복으로 지급되는 각종 복지 수당은 조정을 거쳐 효율적으로 지급되어야 한다. 부잣집 아이들에 대한 무상급식 문제도 충분한 논의를 통해 국민적 공감대를 이끌어내야 한다. 법치와 복지, 정치가 뒤섞이면 재앙이 될 수 있다거나 다소 행정적 비용을 지불하더라도 효율성을 높이는 쪽으로 복지정책을 펴야 한다는 국무총리의 발언을 부정적으로만 들을 일이 아니다. 복지 패러다임을 변화시키는 진지한 논의와 토론 분위기가 조성되기를 바란다. 2010.10.25

공공임대주택으로 서민들에게 꿈을!

주택의 분양과 임대 문제는 정부의 정책 선택에 따라 주택 시장에 큰 파장을 일으킨다. 서민의 주거문제 해결과 경기 활성화라는 서로 다른 목표가 상충하기 때문이다. 경기가 나쁘면 분양시장을 통해 돌파구를 찾을 수 있고 서민의 주택난은 임대에서 출구를 찾는다. 노무현 정부는 서민 쪽에 서서 임대주택 건설에 정책의 방점을 두었고 다른 정부는 분양에 주안점을 두었다. 그러나 전세 문제가 발등에 떨어진 불이 되면 답은 뻔하다. 서민용 임대주택 건설로 문제를 해결해야 한다.

주택 가격이 하락하고 부동산 시장이 살아날 기미가 보이지 않으면서 전세 가격도 덩달아 뛰고 있다. 전세는 집 없는 서민들이 주로 이용하는 주거 형태이므로 가격 상승의 피해는 고스란히 서민층과 빈민층의 몫이다. 본격적인 이사철과 봄철 결혼 시즌이 겹치면 가격 상승 폭이 더 크기 마련인데 자칫 전세대란으로 번지지 않을까 걱정하는 목소리가 커지고 있다.

전세 가격을 감당할 여력이 있다면 모를까 그렇지 못한 사람들은 더 싼 곳으로 옮기는 수밖에 없다. 더 싼 곳이 어디인가. 값이 싼 대신 환경이 열악한 변두리이거나 교통이 불편한 지역이 대부분이다. 아이들의 교육문제에도 타격을 주기 십상이다. 위기의 서민들에게 줄 수 있는 가장 좋은 혜택은 공공부문 임대주택 건설을 늘리는 것이다.

하지만 이마저도 여의치 않다. 지난해 한국토지주택공사를 비롯한 지자체의 공공임대주택 건설이 상당히 부진한 것으로 나타났기 때문이다. 국토해양부 자료에 따르면 2010년 8월말 현재 공공임대주택 건설 사업승인 실적은 2천여 가구에 그친 것으로 드러났다. 이는 정부의 연간 건설 목표 10만2천여 가구의 2% 정도에 불과한 물량이다. 임대주택 사업승인 물량의 대부분이 4분기에 집중되어 있다는 점을 고려하더라도 매우 낮은 실적이다. 게다가 걱정되는 것은 공공임대주택의 주공급원인 한국토지주택공사의 부실경영으로 각종 개발 사업에 대해 구조조정을 추진하는 바람에 예년 수준으로 사업을 계속하기 힘들다는 점이다.

공공임대주택 확대를 통해 주거 안정을 모색한 노무현 정부와는 달리 현 정부는 공공임대주택의 공급을 줄여온 것이 사실이다. 그 결과 2007년 13만3천여 가구에 달했던 임대주택 사업승인 실적은 2009년 7만7천여 가구로 크게 줄었다. 국토해양부와 한국토지주택공사는 2007년 9월말까지 4만6천여 가구가 입주해 최근 5년 평균 2만6천 가구 수준을 크게 웃돌았다고 주장했으나 이는 2007년 승인 물량의 입주가 포함된 것이다.

입주 물량이 해마다 줄고 있는 상황에서 서민주택 문제는 더욱 심각해질 수밖에 없다. 대다수 전문가들이 전세 시장 상황이 갈수록 걱정된다는 전망을 내놓았다. 당장 겨울 비수기가 지나고 신학기 수요와 봄 이사철이 겹치면 전세 가격 상승이 더 가팔라질 것이다. 거기에다 대폭 줄어든 입주 물량도 전세 가격 상승의 원인으로 지목되고 있다.

실제로 입주 물량은 해를 거듭할수록 감소하고 있는 것이 현실이다. 주택 구입 수요가 살아나지 않으면서 대세하락 국면에 들어섰다는 주장도 나온다. 따라서 매매보다는 전세나 월세의 임대 수요가 늘어날 가능성이 높다.

정부는 지금까지의 부동산 정책을 되짚어보고 정책을 새로 가다듬을 필요가 있다. 분양 위주의 주택정책으로 임대주택은 부족한 반면 분양주택은 넘쳐났고 무리한 개발 추진으로 멸실 주택도 늘어 전세난이 심화되고 있는 현 상황은 부동산 정책을 임대 중심으로 재편할 수 있는 좋은 기회이다. 정부는 차제에 공공임대를 비롯한 각종 임대주택을 대폭 확대하는 쪽으로 정책을 재편해 주거문제로 어려움을 겪고 있는 서민들의 걱정을 해소해 주어야 한다. 2010.11. 1

학자금 대출과 청년실업

대학 학자금 대출을 받은 사람이 졸업 후 일정 수준 이상의 소득이 있을 때부터 원리금을 갚아가는 새로운 학자금 대출 제도가 내년부터 전격 도입된다. 언론은 이명박 대통령이 애초 대선 공약으로 내세웠던 '반값 대학등록금'에는 못 미치지만 서민의 등록금 부담을 상당 부분 줄여주는 제도로 평가했다.

이명박 대통령은 이 제도 도입 취지와 관련, 한국대학교육협의회를 방문한 자리에서 대학생들에게 "등록금 부담을 해결하느라 학업경쟁에서 불리했던 어려운 형편의 학생들에게 공부할 시간을 더 주고자 하는 것이 취지."라면서 "이번 제도를 계기로 보다 적극적으로 학업에 임해 달라."고 당부했다. 등록금 상환제도가 시행되면 연간소득 4천839만 원 이하 계층의 자녀들은 4년 동안 전공에 상관없이 등록금 전액을 대출받을 수 있게 된다. 졸업 후 취업을 못하거나 일자리를 구하더라도 일정 수준의 소득에 미달하면 갚지 않아도 된다.

이 제도는 취업 후 소득 발생시점까지의 거치기간 중 이자납부 부담이 없다. 상환기간도 최장 25년까지로 늘어난다. 신용등급 9~10등급 학생도 대출 대상이 된다고 하니 이제 등록금 문제 때문에 신용불량자로 전락할 일은 없을 것 같다. 그동안 현행 학자금 대출제도를 이용한 학생이 원리금은 물론 이자마저 갚을 능력이 없어 신용불량자로 등록된 사람이 1만4천여 명에 이른다고 하니 기대를 해 볼만 하다. 정부는 대학 재학생 197만 명 가운데 100만여 명이 혜택을 받을 것으로 예상하고 5년간 연평균 1조5천억 원 규모의 재원이 소요된다고 추정했다. 지원 예산은 한국장학재단의 채권 발행으로 충당한다는 계획이다.

모든 일에는 때가 있다. 대학 시절에는 학문의 늪에 빠져야 하고 그 늪에서 삶의 역량을 길러야 한다. 이후 청장년 시절에는 능력을 발휘해 화목한 가정을 꾸리고 행복을 누릴 수 있어야 한다. 하지만 화목한 가정은 사랑과 경제력을 요구한다. 학자금을 융자받은 젊은이들은 졸업 후 직장생활을 시작하면서 융자금을 갚아 나가야 한다. 이자율도 연 5% 이상으로 예상돼 부담은 더 커진다. 주택을 구입하기 위해서 별도의 은행 융자를 받아야 할지 모른다. 빚을 갚느라 허덕이는 처지에 빠지지 않는다는 보장이 없다. 학자금 대출 제도가 행복을 약속하지는 않는 이유이다.

등록금 대출 제도는 오히려 등록금 인상을 부를 수도 있다. 등록금이 인상되면 국가 재정 운용에 주름살을 주고 세금을 내야 하는 청년들의 부담은 그만큼 더 늘어난다.

학자금 대출제도는 당장 서민 대학생들에게 혜택을 줄 수 있는 제도이지만 근본적인 처방은 아니다. 모든 교육과정은 국가 인재를 길러낸다는 점에서 가난하거나 부유하거나 능력이 있거나 능력 없거나 모든 젊은이에게 교육의 기회는 주어져야 한다. 기회가 주어진 기간 동안 걱정 없이 자신의 잠재 능력을 개발하는 환경이 허용되어야 한다. 임시로 땜질하는 대책보다는 공교육 체계 안에서 문제를 푸는 접근이 필요하다. 학자금 대출보다 한 걸음 더 나아간 교육개혁 처방과 함께 청년실업을 줄이는 정책이 더욱 시급한 시점이다. 2009. 8. 7

군 가산점제의 사회학

국방부와 병무청이 군복무 가산점제 부활을 추진하고 있다. 군복무 가산점제는 1999년 헌법재판소가 여성과 장애인에 대한 차별, 성적 평등권 위배, 공무담임권 및 직업 선택의 자유 등을 침해한다는 이유로 위헌 결정을 내리면서 폐지된 후 여러 차례 부활 시도가 있었지만 찬반 대립으로 진전을 보지 못했던 사안이다.

논란의 초점은 사회적 보상과 평등권 침해로 요약된다. 찬성론자들은 최근 어깨 탈골 수술, 환자 바꿔치기와 같은 방법으로 병역을 기피한 사건이 발생하면서 인생의 황금기 한 시절을 병영에서 근무한 젊은이들에게 최소한의 보상이 따라야 한다는 것이다. 이 같은 주장은 인기 연예인, 프로스포츠 선수, 부유층 자녀 등 이른바 가진 자를 중심으로 병역비리가 발생하면서 이들에 대한 처벌을 강화하는 대신 병역의무를 이행한 사람에게는 사회적 보상이 필요하다는 논리에 근거를 두고 있다.

찬성론자들은 또, 군 가산점제는 양성평등이나 공무담임 등의 시각에서 접근하기 보다는 한반도의 지정학적 위치를 감안해 국토방위와 국가안위 차원에서 해법을 찾아야 한다고 주장했다. 헌재 결정 이후 장애인 고용촉진 및 직업재활법의 시행으로 전체 공무원의 여성비율은 41%, 장애인 의무고용비율도 3% 이상 강제 이행되는 등 사회보장의 틀이 정착되었다는 점도 찬성의 이유였다. 헌재 결정 이후 학업중단으로 사회진출이 지연되는 등 기회 상실에 따른 상대적 박탈감은 국가가 배려해야 한다는 주장도 제기됐다.

공공직업의 비중이 헌재 결정 당시의 수준에 크게 못 미쳐 가산점 제도의 영향력이 상대적으로 낮다는 점도 제도 도입의 이유로 꼽았다. 국방부는 지난 5월 국민의 79%가 군복무가산점제 재도입에 찬성하고 여성의 찬성률도 74%에 이른다는 여론조사 결과를 발표해 찬성론자들의 주장을 뒷받침했다.

제도 재도입을 반대하는 측은 군 가산 제도가 다시 시행되면 공개시험을 통한 장애인의 공직 진출은 사실상 힘들다고 주장했다. 따라서 평등권과 국제인권기준, 그리고 능력과 기회 균등이 핵심인 공무담임권을 침해한다고 주장했다. 공무원 채용 시험의 경우 해마다 경쟁률이 증가하는 현실을 감안하면 제도 도입에 따른 차별은 확실하다는 것이다. 제도의 이점을 활용하고자 한다면 채용 후 호봉조정과 고과에 반영하는 방식을 선택할 수 있다는 것이 이들의 주장이다.

현재 국회 법사위에 계류 중인 병역법 개정안에 따르면 가산점도 1999년 당시 3%~5%였던 것을 2.5%범위 내로 낮추고, 전체 합격자의 20%가 넘지 않도록 제한하며, 가산점 부여 횟수도 개인당 3회~6회로 제한하는 내용을 담아 검토할 만하다. 헌재는 위헌 결정 당시 "정책적 지원은 필요하지만 미필자의 기회 박탈로 이어져서는 안 된다."고 밝혀 이 정도면 국익에 기여한 청년들을 배려하고 여성과 장애인도 수긍할 만한 수준이다.

모병제인 미국이나 대만에서도 공무원 임용 시 가산점이나 우선권을 부여하고 있다. 국가를 위해 헌신한 젊은 청년을 배려하는 것은 국가의 책무이다. 징병제인 우리나라에서 군복무로 인해 청년 가장은 생계 책임을 외면해야 하고 학생들은 학업을 중단해야 한다. 비복무자에 비해 상대적인 기회 손실을 경험하고 있는 것이 현실이다. 당락에 영향을 미칠 정도의 높은 가산점 비율을 개선한 데다 횟수 및 합격자 비율을 제한한 만큼 전향적인 검토가 필요한 시점이다.

여성계에서는 가산점제 부활 대신 국민연금 보험료 납부 기간 연장, 제대 지원금 지급, 학자금 무이자 융자 등 인센티브제 도입을 주장하고 있다. 그러나 이 역시 한해 7천억 원 이상의 막대한 예산이 필요한 정책이다. 국가부채가 점증하고 해마다 재정적자 폭이 늘고 있는 점을 감안하면 가산점제 부활이 더 효과적일 것이다.

분명한 것은 국가적 책무를 다하는 국민에게 자긍심을 심어줄 수 있어야 한다는 것이다. 병역의무 이행을 긍정적인 시각으로 바라볼 수 있는 의식변화를 유도하도록 제도의 변화가 필요하다.
2009.10.13

우주항공 기술인력 양성 시급하다

한국은 2009년 8월과 2010년 6월 두 차례에 걸쳐 '우주 클럽'에 도전했으나 모두 실패했다. 나로호(KSLV-I) 1차 발사는 페어링 한 쪽이 분리되지 않아 무게 중심을 잃은 로켓이 목표궤도를 이탈하면서 실종됐다. 2차 발사는 명확히 밝혀지지 않은 이유로 발사 137초 만에 고도 70km 상공에서 폭발했다.

　1차 발사는 로켓 제작을 맡은 러시아 측의 지원 부족과 발사대 시스템 부품 공급 차질, 1단 로켓 연소 시험의 기술적 문제 등으로 여섯 차례나 발사가 연기된 끝에 결국 실패하고 말았다. 2차도 한 차례 연기한 뒤 발사했으나 결과는 마찬가지였다.

　러시아, 미국, 유럽 등 우주 개발의 선두 주자들도 발사 성공률이 27%인 점을 고려하면 첫 술에 배부를 수 없다고 자위할 수도 있다. 우주개발 선두주자들은 그 동안 천문학적인 개발 비용을 들여 연구와 실험을 거듭한 끝에 지금의 위치에 올랐다. 수많은 부품과 기술이 집약된 발사체는 초정밀 부품 하나의 고장만으로도 로켓을 폭발시켜 버린다. 우주정거장을 제집 드나들 듯 했던 미국의 우주왕복선 인데버호가 연료 공급 장치 이상으로 여섯 차례나 발사가 연기됐던 것은 우주를 향한 도전에 왕도가 없다는 것을 보여준 사례이다.

　잇따른 나로호 발사 실패는 한국과 러시아 양측에 모두 책임이 있다. 1차 발사에서 인공위성을 덮고 있는 페어링이 분리되지 않은 것은 한국 측에 귀책사유가 있다. 위성을 제작한 한국항공우주연구원KARI은 페어링 개폐 실험을 수없이 진행했으나 막상 발사 당일 고장을 일으켰다. 1차 발사에서 로켓은 문제가 없었다. 2차 발사의 책임은 러시아가 져야 한다. 인공위성이 분리되기 전 로켓이 폭발한 탓이다.

　귀책사유를 따지기 전에 더 큰 문제는 한국이 발사체를 개발할 능력이 없다는 점이다. 한국은 그동안 통신위성과 기상관측 위성을 여러 차례 발사했으나 모두 외국의 상업 발사체를 빌어 성공할 수 있었다. 나로호도 러시아의 발사체 제작 업체와 계약을 맺고 로켓을 통째로 들여와 발사하는 시스템이었다.

발사체 제작 기술은 군사 미사일에 전용될 수 있어 해외 유출을 차단하고 있는 고도의 보안 기술이다. 나로호도 마찬가지였다. 한국은 러시아가 로켓 개발의 파트너라고 홍보했으나 발사체의 핵심인 1단 로켓 개발과 제작 과정은 한국에 공개되지 않았다. 러시아 측은 기술정보를 원천적으로 차단한 채 극비리에 제작을 진행했다. 한국은 1단 로켓에 대해 어떤 정보와 기술도 획득할 수 없었다. 2억 달러의 거액을 들여 러시아에서 로켓을 수입했다는 비난은 그래서 나온다.

로켓 발사 비용이 미국, 유럽보다 훨씬 적은데다 기술 제공에도 우호적인 입장이던 러시아는 계약 이후 태도가 완전히 달라졌다고 한다. 2007년 체결한 우주기술보호협장TSA 때문에 우리는 두 손 놓고 러시아에 매달려야 했다. 로켓 제작과 연소 실험 과정에 한국 과학기술자의 참여가 보장되었다면 실패하지 않을 수도 있었다는 얘기다.

2002년 항공우주연구원과 정부는 한국 첫 액체연료 소형 로켓(KSR-Ⅲ)의 시험비행에 성공한 뒤 우주발사체 개발을 추진하고 있다. 정부는 이를 위해 한국항공우주연구원 중심의 개발체제에서 산·학·연이 연계된 사업단으로 개편하고 아리랑위성과 같

은 1.5톤급 실용위성을 저궤도에 발사할 수 있는 3단형 우주발사
체를 2012년까지 개발한다는 청사진을 제시했다.

75톤급 엔진을 2018년 개발하면 시험 발사를 통해 성능을 검증
하고 다시 기본 엔진 4기를 묶어 300톤급 한국형 발사체를 완성
한다는 것이 개발의 골격이다. 기본 엔진의 수를 필요에 따라 다
양하게 조합하면 개량된 발사체를 만들기가 쉬워 다양한 소형 위
성 발사에 필요한 발사체 기술도 확보할 수 있게 된다는 것이다.

나로호는 발사에 성공했더라도 어차피 절반의 성공에 불과했
을 것이다. 인공위성 궤도 진입의 핵심이 되는 발사체가 우리의
것이 아니라는 점을 고려하면 자가용 대신 택시를 탄 것이나 마
찬가지이다. 독자 기술 개발을 위해서는 예산도 필요하지만 기술
인력의 양성도 필수적이다. 대학과 연계해 우주항공 기술 인력을
양성하고 기술 인력에 대한 보수도 대폭 올려야 한다. 2009. 8.17

삼진아웃제 저작권법

저작권은 창조에 대한 합법적인 보상이다. 창조에 대한 보상
범위는 사람이 만들어내는 모든 창조물이 포함된다. 문학작품은
물론 건축물, 도형 컴퓨터 프로그램, 지도까지 저작물이다. 디지
털 화면으로 만든 미술품도 저작권이 있고 춤도 권리가 있다.

1517년 이탈리아 베네치아에서 처음 저작권법이 생긴 뒤 모든

창조물은 일정 기간 권리를 보장받고 있다. 한국은 저작권법에서 창작자가 살아 있는 동안 창조의 권리를 보장하고 죽은 뒤 50년 간 배타적 권리를 보유하도록 했다. 미국은 70년이다. 한미 FTA 가 발효하면 우리도 70년이다.

그러나 창조물 시장에는 '해적'이 판을 친다. 해적 활동 무대 는 너무 넓어 붙잡기가 쉽지 않다. 특히 인터넷 무대는 해적의 밥 상이다. 누리꾼들은 드라마 영화 음악을 가리지 않고 먹어 치운 다. 창조물의 불법 유통은 세계적인 현상이다. 콘텐츠 파일은 거 의 벌거벗고 세상에 나가는 꼴이다.

우리나라도 예외가 아니다. 인터넷 지적재산권 침해가 극심해 지면서 엔터테인먼트 산업 전체가 심각한 위기를 맞고 있다. 2006년 기준 저작물 불법 유통으로 인한 합법 시장 침해액은 2조 원에 달한다고 한다. 전체 시장규모의 30% 수준이다. 장르에 따 라 90%가 넘는다는 주장도 있다.

사정이 이쯤되자 정부가 나섰다. 세계 5대 콘텐츠 산업 강국 실 현을 표방한 이명박 정부는 불법 복제 방지와 저작권 보호를 위 해 개정된 저작권법을 7월 23일부로 시행했다. 이번 개정의 가장 큰 특징은 정보통신망에 불법 복제물을 상습적으로 게시해 온 헤 비 업로더Heavy Uploader와 불법복제물의 유통에 편의를 제공하 거나 상업적 이익을 제공해 온 게시판 서비스에 대한 규제 장치 가 마련됐다는 점이다. 이른바 삼진아웃제이다.

개정 저작권법은 불법 복제물을 올려 3회 이상 경고를 받은 헤비 업로더의 계정이나 불법 복제물의 삭제 또는 전송중단 명령을 3회 이상 받는 웹 하드, 개인 간P2P 파일 공유 서비스 등 온라인 서비스 제공자의 게시판에 대해 최장 6개월 간 이용이나 운영을 정지할 수 있게 했다. 해적이 판치는 온라인 세계에서 저작권을 보호하기 위한 것이다.

기존 저작권법에서도 방송, 영화, 음원의 일부를 복제하여 게시하는 것을 불법으로 규제하고 있다. 그러나 저작권 보호는 지속적인 적발과 징계에도 불구하고 솜방망이 처벌에 그치면서 한국은 불법적인 디지털 문화의 온상으로 변하고 있다.

개정 저작권법을 지나친 인터넷 규제라고 비판하는 여론이 없는 것은 아니다. 그러나 인터넷의 자유는 책임을 전제로 해야 한다. 정보화가 급속도로 진행되면서 디지털 에티켓이 실종된 것은 책임을 망각한 디지털 습관이 뿌리내린 탓이다. 책임 없는 자유는 방종이며 사회의 기강 해이로 연결되기 십상이다.

디지털 사회로 급속히 변화하면서 자유가 우리 사회에서 변화의 기폭제 역할을 한 것은 사실이다. 그러나 자유가 모든 것을 허용하지는 않는다. 정당한 대가 없이 저작물을 도둑질하는 해적 행위는 규정 위반은 물론 사회윤리를 짓밟는 행위나 다름없다. 디지털 사회의 음성적 습관의 교정은 초 · 중 · 고 교육과정에서부터 접근할 필요가 있다. 콘텐츠 생산과 보급의 틀도 정비해야

한다. 새로운 저작권법 시행을 계기로 책임있는 디지털 풍토가
조성되기를 기대한다. 2009. 8. 5

양용은의 도전정신

스포츠에서 '반란'은 웬만해서 일어나지 않는다. 세계 수준의
이벤트에서는 더욱 그렇다. '반란'이 일어난다면 이유가 있어야
한다. 2009년 8월 미국 PGA챔피언십에서 골프 황제 타이거 우즈
를 꺾고 아시아인 최초로 메이저대회 우승컵을 들어 올린 양용은
선수에게는 그럴만한 까닭이 있었다.

그가 우승하던 날 CNNSI, ESPN, FOX스포츠, CBS스포츠라
인 등 미국의 메이저 언론들은 예외 없이 '반란' 뉴스를 톱기사
로 다투어 보도했다. '반란'이라고 보도한 데는 몇 가지 이유가
있었다. 세계 랭킹 110위, 세계무대에 거의 알려지지 않은 무명,
37세의 한물 간 노장, 아시아인 최초의 메이저 대회 우승, '영원
한 우승 후보' 타이거 우즈에 역전 우승이 이유였다. 양용은이 누
구인가에 대한 정보는 국내에도 거의 없었다. 한국에서도 그다지
유명한 선수가 아니었다. 2009년 3월 혼다클래식 우승이 골프 캐
리어의 모두였을 정도다.

제주 출신 양용은은 감귤 농사를 짓는 부모님 밑에서 어렵게
자랐다. 19살 때 돈을 벌기 위해 제주시의 한 골프 연습장에서 볼
보이 일을 시작한 것이 골프와의 첫 인연이었다. 골프에 매료된

그는 레슨비를 벌기 위해 나이트클럽 웨이터 노릇도 해야 했다. 아버지는 "골프는 돈 있는 부자들이나 하는 운동이다. 농사나 같이 짓자."라며 말렸지만 하우스용 파이프를 골프채 삼아 몰래 연습을 했다.

경제적으로 어려웠지만 희망을 품고 노력한 결과 1996년 한국프로골프KPGA 프로 테스트에 합격한데 이어 이듬해 신인왕에 올랐다. 그러나 1년 동안 벌어들인 상금은 생활비에도 못 미치는 1천200만 원에 불과했다. 보증금 250만 원에 월세 15만 원짜리 지하 단칸방 생활을 해야 했다. 레슨 코치로 안주할 수도 있었지만 그는 도전을 선택했고 찬밥에 물 말아 먹으며 연습과 대회 출전을 병행하는 고난의 길을 걸었다.

세계의 벽은 높았다. 2005년 PGA Q스쿨에서 낙방한 데 이어 이듬해 12월 스코어 카드를 잘못 기재해 또 쓴 맛을 본 끝에 2007년 합격했다. 집념의 3수였다. 세계무대에 서게 된 그는 대기자 신분이었지만 출전기회를 놓치지 않고 혼다클래식에서 생애 첫 우승을 차지했다. 안 되면 될 때까지 노력하는 근성이 다른 선수와 다른 그만의 특징이었다.

양용은의 상승세가 메이저대회까지 이어질 것으로 기대한 사람은 아무도 없었다. 우즈라는 '골프 거목'이 버티고 있는데다 그의 3연속 우승이 예상된 탓이었다. 한국인은 물론 어떤 아시아인도 메이저 대회에서 우승한 사례도 없었다. 최종라운드에서 1위로 출발한 메이저 대회에서 우즈가 역전패한 적은 없었다. 뒷심이 우즈의 최대 강점이었다. 그러나 불패신화는 예상치 못했던 선수 양용은에 의해 깨졌다. 14승 무패를 기록했던 우즈가 한국인에 역전패한 것이다.

양용은의 쾌거는 우연이 아니었다. 톱클래스 선수들이 넘쳐나는 정글에서 우승을 일군 것은 끝없는 도전 의식이었다. 메이저 대회 우승은 시련과 역경을 넘어선 노력이 빚어낸 결과였다.

2009. 8.18

월마 루돌프의 '희망 만들기'

그녀가 미국 테네시주 크락스빌에서 태어났을 때 몸무게는 겨우 2kg였다. 조산아였다. 생존할 확률은 거의 없었다. 가난한 흑인 부모의 22명의 자녀 중 20번째 아이였다. 제대로 성장할 수 있는 환경이 아니었다. 4살이 되었을 때 성홍열과 소아마비에 폐렴이 덮쳤다. 변변한 치료조차 받지 못한 그녀가 살아난 것은 기적이었다. 죽을 고비를 넘겼으나 지독한 열병의 후유증으로 6살 되던 해 왼쪽 다리를 쓸 수 없었다. 활동 공간은 침대뿐이었다. 하지만 이때부터 월마 루돌프의 값진 인생이 시작되었다.

부모와 형제들은 하루도 거르지 않고 루돌프의 다리를 마사지했다. 집념의 물리요법을 시행한지 2년, 루돌프는 금속 보조대를 다리에 차고 목발에 의지해 일어섰다. 태어난 지 8년만이었다. 이후 1년은 루돌프에게 노력과 기적이 어우러진 각고의 시간이었다. 남몰래 걷는 연습으로 인생을 한걸음씩 개척했다. 목발에 의

지해 초등학교에 다니게 되었을 때 루돌프는 온전히 걷는 것 보다 뛰는 것을 염원하게 되었다. 11살이 되었을 때 그녀는 스스로 금속 보조대를 떼어 버리고 목발을 버렸다. 우선 스스로 걷기 위해서였다. 그러나 정상인의 걸음일 수는 없었다. 춤추는 듯 기묘한 몸짓의 걸음걸이였으나 스스로 걷고 싶은 희망은 성취되었다. 의사는 일어날 수 없는 기적이 일어났다고 가족들에게 말했다.

중학생이 되자 루돌프는 농구부에 들어갔다. 장애를 극복하기 위해 남보다 배 이상 연습에 몰두했다. 각고의 노력은 그녀를 우수한 농구선수로 만들었다. 고등학교에 진학하자 육상부를 지원했다. 이제는 걷는 것이 아니라 뛰어야 한다는 꿈을 실현하기 위해서였다. 얼마 동안 모든 경기에 참가했으나 언제나 꼴찌였다. 피땀 어린 노력으로 루돌프는 마침내 1등으로 테이프를 끊은 주역이 되었고 이후 결코 우승을 양보하지 않는 선수로 성장했다.

15살 때 전국규모 육상대회 9개 종목 우승을 휩쓴 루돌프는 1956년 멜버른올림픽 미국 육상대표에 뽑혔다. 다시는 걸을 수 없다던 흑인소녀의 인간승리였다. 루돌프의 인간승리는 4년 뒤 로마올림픽에서 재확인되었다. 멜버른올림픽 400m계주에서 동메달을 따냈던 루돌프는 로마대회 100m, 200m, 400m계주 우승을 휩쓸었다. 올림픽에서 3관왕에 오른 최초의 미국 여성이라는 영광도 안았다.

그녀는 100m에서 바람 때문에 공인되지 않았으나 종전 세계 최고기록 보다 0.3초 빠른 11초의 비공인 세계신기록으로 금메달을 목에 걸었다. 400m계주 마지막 주자로 나선 루돌프는 3번째 주자에게서 받은 바통을 놓치는 치명적인 실수를 저지르고도 우승하는 초인적인 스피드를 발휘해 장애를 극복한 인간승리를 더욱 값진 것으로 만들었다.

체육특기생으로 테네시 주립 대학에 입학한 루돌프는 교육학 학위를 받고 고교 동창생과 결혼했다. 그녀의 집념어린 인간승리는 1977년 TV드라마로 제작돼 미국 전역에 방영됐다. 흑인 배우로는 최초로 아카데미 남우주연상을 받은 덴젤 워싱턴은 이 드라마에서 고교 동창생 역을 맡기도 했다.

루돌프는 "어머니가 없었다면 나의 새로운 인생은 시작되지 않았을 것."이라고 항상 말했다. 어머니는 "강력히 원하기만 하면 무엇이든 이룰 수 있다."고 어린 루돌프를 격려했다. 루돌프가 맨 처음 원했던 것은 금속 보조대 없이 걷는 것이었고, 이를 이루었다. 그녀는 자신이 원하는 것을 '희망'이라고 생각했다. 희망과 의지는 루돌프의 생존 법칙이었다. 2011. 4.25

다자간 연애polyamory라니…

두 사람 이상을 동시에 사랑하는 것은 가능한 것일까. 그렇게 믿고 실천하는 사람들이 있다. 이른바 폴리아모리Polyamory족이다. 다자간 사랑을 뜻하는 이 부류의 사람들은 일부일처를 뜻하는 모노가미Monogamy가 인간의 본성에 위배되는 제도라고 비난한다. 파트너의 동의하에 다른 사람을 사랑한다는 점에서 스와핑과는 구별된다.

'다자간 연애'는 전통적인 혼인관계에 얽매이지 않는 연애 생활을 추구한다. 남편과 아내의 동의 하에 1명 이상의 애인을 두는 것이다. 미국 시사 주간지 뉴스위크는 미국을 중심으로 50만 명 이상의 부부가 폴리아모리에 열광하고 있으며 이들을 겨냥한 블로그와 잡지 등 미디어 산업도 활성화되고 있는 추세라고 전했다.

이들이 추구하는 목표는 풍요로운 삶이다. 타인에게 피해를 주지 않는 한 여러 파트너와의 다양한 관계를 통해 삶이 더욱 풍요로워질 수 있다고 믿는다. 따라서 정신적인 유대를 더 중요하게 생각한다. 일부 폴리아모리스트들은 그룹을 형성해 정신적, 육체적 관계를 맺으며 집단혼 형태로 가족 관계를 형성하기도 한다. 아이를 함께 키우고 재산도 공유한다.

국내에서는 영화 《아내가 결혼했다》를 통해 폴리아모리 풍조를 엿볼 수 있었다. 박현욱의 소설을 영화로 만든 이 작품은 자신의 아내가 다른 남성과 결혼하는 과정에서 발생하는 갈등과 고뇌를 통해 전통적 결혼 제도에 대한 비판을 시도했다. 여주인공 인하는 "남자가 하던 짓을 여자가 했을 때 불편해지는 이 마음은 뭔가."라고 반문하면서 남성들에게는 첩을 두는 등 일부다처제가 암암리에 통용되고 있지만 여성에게는 일처다부제가 결코 용납될 수 없는 한국사회의 가부장적 현실을 문제 삼았다.

《아내가 결혼했다》는 1 : 1의 관계를 당연시하는 기존의 결혼제도에서 탈피해 삼중의 연인관계를 형성하는 다자간 연애의 전형을 보여주었다. 주인공은 "평생 한 사람만을 사랑할 자신 있어?"라는 질문을 던지고 소유욕과 질투심을 버리고 비독점적 연애관계를 유지하는 것이 더 바람직하다고 말했다.

한 사람에게만 얽매이지 않는 새로운 결혼관에 대해 우리 사회는 찬반양론으로 갈렸다. '시대의 변화에 따라 결혼관도 변질한다. 그래서 다자간 연애는 우리 사회의 새로운 성문화로 인정되어야 한다'고 주장하는 사람들은 새로운 결혼관을 긍정하는 쪽이었다. 일부일처제가 안고 있는 가정 폭력, 여성 비하, 강간 등의 문제를 해소할 수 있는 대안으로 주장되기도 했다. 비판의 목소리는 '다자간 연애는 미풍양속을 저해하고 건전한 성윤리를 부정하는 걸림돌이다, 질투심을 유발시켜 부부갈등을 키우는 원인이 된다'로 집약된다.

다자간 연애는 풍요로운 삶과 정신적 유대감을 추구한다는 목적에도 불구하고 본질적으로 섹스에 대한 무분별한 욕망의 표출에 불과하다. 한 사람에게만 얽매이지 않겠다는 논리는 결국 누구와도 성관계를 가져도 좋다는 무절제한 성적 욕구에 바탕을 두고 있다. 다자간 연애는 결국 인류의 보편적 윤리체계를 파괴한다. 부부간의 신뢰와 존중이 더 값진 가치이다. 2009. 8. 3

'공의 공교육'의 체계 개선

'청소년은 체력이다'

'체력은 국력이다'가 아니라 '청소년은 체력이다'라고 해야 할 판이다. 공부만 하는 것도 아닌데 청소년들의 체력이 갈수록 내리막이다. 2010년 교육과학기술부가 제출한 학생신체능력검사 통계를 보면 허약한 청소년이 허약한 국가를 예비할 것이 아닌가 하는 우려를 제기한다.

통계를 보면 초·중·고생의 체력 1~2급 비율은 31%로 2000년 41%에 비해 10% 가까이 줄었다. 반면 최하등급인 4~5등급 비율은 45%로 2000년 31%에 비해 14% 늘었다. 50m달리기, 팔굽혀펴기, 윗몸일으키기, 제자리멀리뛰기, 앉아윗몸앞으로굽히기, 오래달리기 등 전 종목에서 실시한 체력검사 결과였다. 일본, 중국, 대만 등 아시아 국가의 청소년에 비해서도 떨어진다는 보고도 있다.

운동을 멀리하면 개인의 체력이 떨어지고 사회의 체질도 약해진다. 나라의 건강도 좋아지지 않는다. 청소년들의 체력 저하의 가장 큰 원인은 뭐니뭐니해도 입시교육이다. 학교 현실을 보면 국어, 영어, 수학, 과학 등 입시와 관련된 주요과목의 학업에 쫓겨 체육 활동은 자율 학습으로 대체되기 일쑤다. '건강한 체력에

건강한 정신이 깃든다'는 말은 이제 교정에서 듣기 어려운 지경
에 이르렀다.

특히 고3 학생들은 일 년 동안 체육 활동을 거의 하지 않는 경
우가 적지 않다. 1주일에 2~3회 정도 땀 흘리는 유산소 운동을 할
수 있는 시간도 허락되지 않는다는 얘기다. 학업과 성적에서 받
는 스트레스가 이만저만이 아닌데 운동을 통한 탈출구는 막혀 있
다.

이런 약골들은 대학생이 되어도 달라지지 않는다. 청년 실업이
갈수록 늘고 있는 상황에서 전공 공부에 집중하랴, 자격 고시에
도전하랴, 취업 스펙 쌓으랴 정신이 없다. 온라인 게임에 익숙한
세대는 밤과 낮이 바뀐 생활 탓에 운동과 담을 쌓고 산다. 불규칙
한 생활 습관에 잦은 술자리는, 있던 체력마저 축낸다.

선진국에서는 학업과 체력 단련은 동의어다. 체력 단련에 중점
을 두는 교육과정은 필수 커리큘럼이다. 일본의 경우 기초 체력
을 다지는 스포츠 활동을 권장하고 실시한다. 어릴 때 익힌 운동
습관은 어른이 된 후에도 없어지지 않는다. 어린 시절의 운동 습
관이 평생 건강으로 이어지는 것이다. 체격은 커지고 체력은 약
해지는 청소년들에게 학교 현장에서 '운동 유전자'를 심어야 하
는 이유이다.

방과 후 스포츠 활동을 의무화하는 제도가 도입되었으면 한다.

대학에서 체력 관리를 필수과목으로 지정하는 방법도 있다. 학교에 잔디 운동장과 수영장, 체력 단련 시설을 의무화한다면 더욱 좋을 것이다. 일본에서는 1990년대 말 청소년 체력 저하 문제가 대두되자 학교 스포츠 전문가를 배치하고 운동 시설을 확충하는 대책으로 문제를 해소한 적이 있다. 우리도 학교 운동이 뿌리내리도록 체계적으로 접근할 필요가 있다. 1인 1운동과 체육 동아리 활동을 장려하는 것도 좋은 방안이다. 2010.10.26

비평준화만으로 수월성 교육 구현되나

현재 정부가 추진하고 있는 교육개혁은 교육의 수월성을 높이고 다양성을 확보하는 데 맞춰져 있다. 수월성에 교육정책의 무게를 두는 것은 사실상 기존의 평준화 정책과 상반되는 정책이다. 자립형 사립고의 설립을 장려하고 대학 입시를 자율화하거나 공교육의 수업을 영어로 진행하겠다는 여러 가지 정책은 교육의 평준화를 뿌리부터 뒤엎을 수 있는 발상이다. 어쩌면 기존 제도의 무장해제라고 할 만하다.

그러나 교육계의 반발은 간단치 않다. 강상진 연세대 교수는 최근 열린 수능 및 학업성취도 평가결과 분석 심포지엄에서 "평준화 지역과 비평준화 지역 중 어느 곳이 수능 상위등급에 속할 확률이 높은지를 추정한 결과 큰 차이를 발견할 수 없었다."고 발표했다. 평준화 정책이 고교생의 학력을 하향평준화시킨다는 보수적 견해를 뒤집는 결과였다. 비평준화 지역의 우수 고교에 들어갈 경우에는 성과가 있을지 모르나 지역의 학생 평균 등급 규모는 유사한 형태로 나타난 것이다.

조사 결과를 보면 굳이 평준화 정책을 폐기하여 학생들에게 위화감을 주고 고액의 학비를 부담해야 하는 현재의 개혁적 정책을 펼칠 이유가 없다. 실제로 학력을 하향평준화시키는 것이 아니라면 제도의 틀을 크게 흔드는 것보다는 학교 현장에서 학생 개개인의 잠재력과 다양한 능력을 발휘할 수 있는 정책을 담보하는 게 더 필요할 것이다. 강 교수는 이와 관련해 "평준화 정책은 1974년 시행된 이후 지속적인 비판을 받아왔는데 그 중에는 과학적 근거가 없는 것들이 많다."고 지적했다.

오히려 더 큰 문제는 평준화 지역과 비평준화 지역의 차이보다 전국 시, 군 ,구별 수능 성적 불균형 현상이다. 소수의 엘리트 중심으로 운영되는 특수목적고와 도시 규모가 큰 지역의 학력이 높게 나타나고 있기 때문이다. 조사 결과에 따르면 특수목적고 학생들은 일반고 학생들보다 영역별로 최고 27.421점이 높았다. 또 읍, 면지역이 도시보다 최고 9.653점이 더 낮았다.

이처럼 학교별, 지역별 학력 격차가 나타나는 현상을 주의 깊게 살필 필요가 있다. 도농 간 학력 격차, 특수목적고와 일반고의 학력 격차 문제를 해소하는 것이 중요하기 때문이다. 도농 간 학력 격차는 농촌 학생들에 대한 전폭적 지원으로 해결할 수 있을 것이다. 원어민 영어 교사를 우선 배치하고 방과 후 학습 프로그램을 강화하는 것도 필요한 대안이다.

특수목적고의 경우 일반 수능프로그램으로 동일하게 학생들과 경쟁하는 패러다임이 아니라 특수목적에 맞는 학력을 평가할 수 있는 별도의 틀을 만들어가는 것이 옳다고 생각한다. 이를 위해 외국어, 과학 등 특수한 능력개발을 통해 국가의 미래 인재를 양성한다는 설립 목적에 맞게, 대학 지원의 트랙을 다양화해 일반고 학생들과 경쟁하지 않도록 하는 방안을 마련할 필요가 있다. 학교에서도 일반과목보다는 학교 설립 목적에 맞는 특화된 교육 커리큘럼으로 가르치도록 교육과정의 족쇄를 풀어줄 필요가 있다. 이 방안이 시행될 경우 특수목적고는 출신 학생들끼리 경쟁하면 되는 것이다.

일반고에 대해서는 섣부르게 평준화를 해체하자는 논리보다는 각각의 학교가 학교다울 수 있도록 인성지도, 진로지도, 특성화지도 등 영역별 학습활동이 활발하게 진행될 수 있게 도와야 한다. 일반고가 자체적으로 학생들의 개성을 살릴 수 있는 풍토를 조성하게 하는 것은 교육개혁의 또 다른 방법이다. 2011. 1. 5

제2장 공생의 길
- 성장과 분배의 균형을 이루는 경제체제로

서민을 위한 경제 시스템

'돈 좀 빌릴 수 없나요'

지난 2008년 한국은 미국 발 금융위기의 여파로 경제의 기본 틀이 휘청거리는 큰 위기를 맞았다. 대기업은 대기업대로, 대기업 경기에 예민한 중소기업은 한결같이 충격에 빠졌다. 국민 또한 예외가 아니었다.

1997년 IMF사태가 대기업의 차입 경영에 이은 도산으로 금융위기를 초래한 데 비해 2008년 금융위기는 금융기관의 외형 확대와 만기 도래의 불일치로 국제적 신용 경색이 발생하고 자금난으로 이어진 점이 다르다. 국제적으로는 미국이 저신용자에 대한 무분별한 모기지 대출과 장기간의 저금리 정책 기조에 따른 달러 약세가 각국의 금융위기를 불렀다.

미국이 금융위기를 부른 본질적인 이유는 주택담보대출유동화
증권MBS 부채담보부증권CDO 등 파생 상품과 월가의 모럴 헤저
드였다. 월가는 단기 이익을 극대화하기 위해 서브프라임 모기지
를 바탕으로 무분별하게 파생 상품을 만들어 팔다 집값이 떨어지
면서 위기를 부른 것이다.

한국은 달러 약세가 이어지자 수출 활성화를 위해 환율 시장에
개입했고 이에 따라 환율이 상승했다. 게다가 국제원자재가격파
동이 일면서 내수시장이 무너지고 수출이 타격을 입었다. 은행금
리가 오르고 물가도 덩달아 뛰기 시작했다.

이제 어느 정도 금융위기의 충격에서 벗어났다고는 하지만 서
민경제는 그게 아니다. 갈수록 가계부채가 상승 곡선을 긋고 있
는 것이 그 증거이다. 2010년 1월 기준 가계부채 총액은 549조7천
억 원에 달했다. 카드론 등 다른 부채까지 합한 개인부문 금융부
채는 854조8천억 원에 달했다. 1인당 평균 국민총소득의 80%, 가
처분소득의 150%가 부채라는 얘기다.

점점 쪼들리는 가계 사정을 해결하기 위해 서민들은 돈을 빌리
기 위해 금융사를 찾아다닌다. 그러나 정작 금융기관은 서민 가
계대출 비중을 지속적으로 줄이고 있는 것으로 나타나 서민들의
시름은 깊어간다. 금융감독원과 금융 업계에 따르면 시중은행의
2005년 이후 5년 동안 기업자금대출 증가율이 77%인데 비해 가
계자금대출 증가율은 31% 증가하는 데 그쳤다. 저축은행은 기업

자금대출을 106% 늘렸지만 가계자금대출은 14% 줄였다.

보험권도 기업대출 증가율은 70%, 개인대출은 27%였다. 금융사들이 경제위기 상황에서 서민들을 대출규제의 대상으로 삼고 있다는 증거이다. 대출 형식도 신용대출은 크게 줄이고 담보대출을 늘리는 추세여서 능력 없는 서민들의 자금경색은 더욱 심화되고 있다.

이 같은 상황을 타개하기 위해 정부가 한국형 '마이크로 크레디트(무보증 무담보 소액대출)'를 '미소금융'이라는 이름으로 출범시켰으나 대출 실적이 그다지 좋은 것은 아니다. 1970년대 방글라데시에서 문을 연 그라민은행은 '빈자들의 은행'으로 마이크로 크레디트의 효시였다. 그라민의 빈민 재활 프로그램으로 2001년까지 2천680만 명의 가난한 사람들이 혜택을 입었다.

미소금융 창립 이전부터 우리나라에서도 이를 본받아 20여 개 민간단체가 마이크로 크레디트 사업을 해왔다. 그라민은행 한국지부에 해당하는 '신나는조합'이 그 예이다. 미소금융은 서민이 쉽게 이용할 수 있는 서민금융 기반을 조성하여 서민경제의 부활을 꾀한다는 것이 출범 취지였다.

삼성, LG 등 대기업과 은행이 참여해 전국 35개 지점을 통해 서민들에게 그 문호를 개방했지만 출범 초기 넉 달 동안 대출 실적은 41억 원에 그쳐 기대했던 성과를 거두지 못하였다. 신용등급 7

등급 이하 서민 가운데 빚이 재산의 50%를 초과한 과다 채무자
는 아예 대출 대상에 포함되지 않기 때문이다. 서민들은 가계의
보증금이나 전세 대금 때문에 혜택을 못 받는 경우도 있다.

일부에서는 미소금융이 100여 개 지점에 금융권 퇴직자들의 일
자리를 제공하는 기능에 머물 것이라는 비판을 제기하기도 했다.
대출금이 지점 직원 급여보다 많다는 우스개도 나온다. 출범 초
기에는 가난한 서민들이 사는 지역이 아닌 강남의 대형빌딩에 시
중은행 수준의 비싼 임대료를 주고 점포를 개장했다는 비난도 받
았다.

서민의 경제 사정을 돕기 위해 2천억 원의 예산을 편성했던 정
부는 이 같은 상황을 타개하기 위해 '저신용자 대출 확대 방안'
을 만들어 보다 많은 서민들이 미소금융을 이용할 수 있도록 했
다. 이 방안은 신협, 농협, 수협 등 상호금융회사가 비과세 예금
수취 액의 일부를 지역신용보증재단에 출연해 저신용자 신용대
출을 협약보증 방식으로 지원하는 것이다. 신용카드 등 여신전문
금융회사에 대한 가계대출 규제도 완화한다고 했다. 미소금융지
점도 상반기 중 50여 개로 늘리고 중장기적으로 200개~300개로
확대한다는 대책도 마련했다.

서민금융의 물꼬를 터 서민경제를 살리고자 한다면 보다 대출
문턱을 낮추어서 과감하게 문을 활짝 열어야 한다. 빈민층은 이
미 금융채무 불이행자나 개인파산자, 과도한 대출이력을 갖고 있

는 사람이 대부분이다. 이들에게 필요한 것은 사회의 믿음과 계속된 지원이다.

금융위원회와 미소금융 중앙재단은 사회취약계층의 자립지원이라는 본연의 설립취지에 맞는 새로운 금융의 틀을 모색할 필요가 있다. 서민 가족의 위기는 사회의 위기와 동의어이다. 서민이 대출을 받지 못해 파산하고 가난한 가정이 해체되는 사회적 현상은 곧 국가적 위기로 연결된다. 서민들이 벼랑 끝으로 몰리지 않도록 서민이 필요로 하는 금융정책을 마련하여 주기를 기대한다.
2010. 4.14

물가 관리가 경제정책의 기본

서민에게 물가 문제 말고 더 큰 경제문제는 없다. 먹고 사는 문제이기 때문이다. TV에서 물가 상승 뉴스를 시청하면 통증을 느낀다는 사람이 서민들이다. 지난해 농산물 가격이 급등했을 때 서민들은 장보기를 포기할 정도였다.

물가 상승은 소비 감소를 부르고 소비 감소는 생산의 감소로 연결된다. 소비와 생산이 줄면 국가 경제라는 풍선의 바람이 빠지기 시작한다. 물가는 거시경제의 영향을 받는다. 거시경제는 국제경제동향과 맞물린 탓에 세계 경제흐름에 따라 물가는 요동친다.

2011년이 시작되자마자 물가가 출렁이는 것도 이와 무관하지 않다. 지난해 구제역 파동과 농수산물 가격 급등으로 물가가 크게 올랐던 한국은 2011년 들어 리비아 사태로 인한 국제유가상승과 환율상승이 국내 물가에 영향을 주고 전세 가격까지 덩달아 올라 국내외적 요인이 물가인상을 함께 자극하고 있다.

국제유가는 2년 만에 배럴당 90달러를 넘어선 지 오래고 니켈, 동 등 금속가격과 옥수수, 쌀, 콩, 등 곡물가격도 지난 1년 사이 40%이상 가파르게 올랐다. 휘발유 값이 리터당 1,900원대에 머무르고 있는 것도 이 때문이다. 국제유가와 원자재 가격 인상이 지속될 경우 국내 소비자 물가를 한국은행이 설정한 목표치 4%이하로 잡기는 쉽지 않아 보인다.

전문가들은 올해 경제 성장에 따른 고물가가 국가적 주요 이슈로 부각될 것으로 예측하고 있다. 그만큼 서민들의 생활 부담이 커질 것이라는 뜻이다. 이명박 대통령이 물가와의 전쟁을 선언함에 따라 대학 등록금에서 유치원비까지 교육비 동결을 유도하고 공공요금 인상을 늦추는 등 각 정부 부처가 행정지도에 나섰다.

또 국무회의와 물가 안정 대책회의를 거쳐 설 민생 안정 대책을 확정하고 이를 발표한 바 있다. 설 연휴에 즈음하여 물가불안이 확산되는 것을 방지하기 위해 설 관련 특별점검 품목을 선정하여 이를 중점적으로 관리하는 등 정책 처방도 내놓았다. 배추, 무, 돼지고기, 쇠고기 등을 포함한 16개 농산물과 목욕료, 찜질방

료 등 개인서비스 6개 항목이 이에 해당한다.

한편 설을 전후해 중소기업이 자금 조달을 원활하게 할 수 있도록 중소기업청의 재정자금 4천억 원을 지원했고 한국은행과 국책은행을 통해 1월~2월 중 설특별자금 8조1천억 원을 풀었다. 민간 시중은행을 통해서는 8조4천억 원을 공급하고 신용보증기금과 기술보증기금을 통해 4조1천억 원 규모의 신용보증도 지원했다. 정부가 이 같은 대책을 발표하고 시행한 것은 근본적인 대책을 세우기 위한 준비라고 생각할 수 있다. 물가를 안정시킬 수 있는 근본 대안을 마련하는 동안 현재의 물가불안 상황을 해소하기 위한 타개책인 셈이다.

물가 안정은 근시안적 대책으로는 더 큰 화를 부를 수 있다. 구조적인 가격 인상 요인에 의해 물가가 압박을 받고 있는 상황에서 가격 인상을 참으라고 강요하는 것은 또 다른 시장 주체에 그 부담을 지우는 것과 다름없기 때문이다. 물가 상승으로 인한 어려움은 어제 오늘 일이 아니다. 경기가 정상화되고 고용이 개선되면 물가 상승 압박은 더욱 거세질 것이다. 행정지도, 가격 동결 등과 같은 방법은 더 이상 물가 안정에 효과적인 해결책이 될 수 없다.

물가를 잡기 위해서는 보다 거시적인 시각에서 접근해야 한다. 금리, 환율, 세제 등 경제의 주요 요인들을 통해 물가를 관리할 수 있는 방안을 강구해야 한다. 인플레이션 우려를 차단하기 위해 기준금리를 올릴 필요가 있으며 유가 등에 매기는 세금도 물가 상황에 맞추어 탄력적으로 조절하는 것이 바람직하다. 높은 성장률을 목표로 삼고 낮은 물가를 지향하는 데는 큰 무리가 따른다. 성장과 물가 안정이라는 두 마리 토끼를 잡는 것은 쉬운 일이 아니다.

최근 취임한 새 경제팀은 경기 동향과 물가, 그리고 거시지표를 점검하고 물가 안정에 정책의 우선순위를 둔다는 입장을 밝혔다고 한다. 당장 급한 것은 물가 안정이지만 보다 큰 관점에서 국가 경제의 방향을 설정하고 그에 따라 기틀을 잡는 것이 위기의 국가 경제를 연착륙시키는 방법이다. 2011. 1.11

서민을 위한, 서민의 부동산 대책

2010년 여름 한국조세연구원은 기획재정부의 의뢰로 종합부동산세와 재산세 통합에 대해 연구한 결과를 내놓았다. 종합부동산세의 과세 체계는 그대로 유지한 채 세목만 지방세로 전환하는 방안과 종합부동산세를 폐지하고 재산세로 일원화하는 방식 등 두 가지가 핵심 내용이었다. 정부가 연말까지 종합부동산세를 폐지하겠다고 공언한 만큼 공론화 과정을 거친 후 양자택일할 것으로 예상됐었다.

그러나 2011년 들어 '종합부동산세를 재산세에 통합하면 수도권과 지방의 재정 격차가 더 커지므로 앞으로 재정 여건 등을 고려해가며 중장기적으로 추진하는 게 바람직하다' 면서 당분간 추진할 뜻이 없다고 방침을 번복했다. 연구결과를 자세히 들여다보면 한국조세연구원이 내놓은 두 가지 방안은 적지 않은 혼란을 일으킬 가능성이 높다. 우선 재산세로 일원화하는 방안은 조세불균형을 부른다. 재산세는 물건별로 과세하기 때문에 다주택자들에 대해 전국 소재 부동산을 합쳐서 인별로 과세하는 것이 불가능하다. 인별로 합산할 때 높은 누진세율을 적용받던 다주택자들의 세금 부담이 크게 줄어드는 셈이다. 이로 인해 줄어든 세수를 보충하기 위해서 재산세 세율을 올리게 되면 집 한 채만 가진 사람의 세금 부담을 늘리는 결과로 나타나 결국 애꿎은 중산층과 서민이 피해를 입게 된다.

한편 현행 과세 체계를 유지하면서 지방세로 전환하는 것은 알맹이는 국세와 다르지 않으면서 겉만 지방세일 뿐이므로 세금을 내는 국민은 물론 과세기관마저 혼란스럽게 만들 것이다. 이에 대해 행정안전부가 징세하는 방안을 강구하고 있다고는 하지만 오히려 과세 체계만 복잡하게 만드는 꼴이다. 명목상 종합부동산세를 폐지했다는 그럴싸한 정치적 선전은 될지 몰라도 실질적인 효과를 찾기는 어렵다.

종합부동산세의 폐지는 지역불균형을 초래함으로써 지역 간의 갈등을 더 깊게 만든다. 종합부동산세가 지방세로 전환되면 전국적으로 과세할 수 없기 때문에 서울을 비롯한 수도권의 지방자치단체들은 세금을 많이 거둘 수 있는 반면 비수도권의 지방자치단체들은 세수가 크게 줄 수밖에 없다. 국세인 종합부동산세를 지방세인 재산세로 전환할 경우 서울은 부동산 세수가 2천913억 원, 경기도는 2천516억 원 늘어나는 반면, 전남은 1천80억 원, 경북은 957억 원의 감소가 예상된다고 주장하는 사람도 있다.

뿐만 아니라 계층 간 조세불균형으로 결국 계층 간 갈등으로 비화할 우려도 없지 않다. 지난해 가구별 경상조세 지출은 소득 상위 20% 계층은 10%가 줄었으나 하위 20%는 오히려 14% 증가했다. 소득세율 인하와 종합부동산세의 세대별 합산과세 위헌 결정 등으로 고소득층의 세금 부담이 크게 줄어든 탓이다. 만약 종합부동산세를 폐지한다면 조세 불균형이 더욱 심화되어 계층 간의 격차가 더욱 벌어지게 될 것이다.

이처럼 개선보다 개악의 여지가 더 많은 상황에서 굳이 종합부동산세를 폐지해야만 하는 이유를 찾기 어렵다. 계층 간의 격차를 더 넓히고 지방재정을 더욱 악화시킬 수도 있는 종합부동산세 폐지는 신중하게 결정해야 한다. 정부는 갈등과 혼란을 불러일으킨 종합부동산세 폐지와 관련, 보다 나은 방안을 모색하는 데 노력을 기울여야 한다. 2010. 7.13

가계 부채가 걱정이다

가계 부채의 지속적인 증가로 국민경제에 적신호가 켜졌다. 한국은행이 발표한 지난해 6월 말 기준 가계 부채는 818조 원을 넘어섰다. 한편 개인이 보유한 국내 금융자산은 전체 1천826조 원으로 사상 처음 부채를 제외한 순금융자산이 1천조 원을 돌파했다. 주식시장이 활기를 띠면서 주가가 올라 빚이 2% 늘어나는 동안 자산 가치는 5.5% 높아지면서 개인의 자금 사정이 호전된 것 같은 분위기다.

그러나 문제는 서민 가계의 현실이 통계상의 자산 상승과 전혀 상관이 없다는 점이다. 금융위기의 영향으로 은행 문턱을 넘지 못하고 대부업체 등 사금융에 의존하는 저신용자들이 적지 않은데다 대부분의 서민들은 금융자산을 투자 형태로 운용할 수 있는 처지가 아니기 때문이다. 경기 회복기를 맞아 서민들은 침체기에 얻은 부채 때문에 투자는커녕 이자상환마저 버거워하게 마련이다. 이에 비해 자산가들은 동산, 부동산 등 자산의 가격 상승 분위기 때문에 많은 평가 차익을 얻을 수 있는 기회를 갖게 된다.

서민에게 경기 침체의 여파는 가장 먼저 미치고 경기 회복의 성과는 가장 늦게 나타난다. 서민은 이 같은 고통스런 기간을 감당할 수 있어야 살아남는다. 이자 부담과 가계 부채를 견디지 못할 때 서민은 금융소외계층으로 떨어질 수밖에 없다. 저신용자와 서민들에 대한 마이크로 크레디트(서민금융) 등을 보다 적극적으로 시행할 필요성이 바로 여기에 있다.

서민들이 겪고 있는 부채 문제를 해소하기 위한 방안의 하나로 사교육비 경감을 시도한 적이 있다. 가계 부채의 가장 큰 원인으로 사교육비가 지목되고 있기 때문이다. 정부는 이를 위해 지난 2009년 11월 단기 불법 고액과외와 일부 지역에서 성행하는 입학사정관제 고액 컨설팅에 대한 지도·단속을 강화했다. 당시 정운찬 총리는 "가계 부채가 심각하기 때문에 사교육비 경감 문제를 단기적으로 시장에 맡기기만 해서는 어렵다."라며 "탈법·불법 학원에 대한 단속을 강화하고 장기적으로 자율과 경쟁을 통해 공교육 경쟁력을 획기적으로 강화해야 한다."고 말했다.

그러나 가계 부채가 폭발적으로 늘어나는 이유가 사교육비 탓만인지 생각해 볼 필요가 있다. 자녀를 둔 가정은 육아와 보육, 대학등록금 등 공적 영역에서도 엄청난 비용 부담을 경험한다. 교육 문제가 아니더라도 안정된 일자리를 찾지 못해 빈곤의 악순환에 처한 가계도 적지 않다. 이들에게는 소외계층을 울리는 피라미드식 불법판매 자리도 얻기 어려운 실정이다.

적정 소득이 보장되지 않는 상태에서 서민은 허리띠를 졸라매도 부채가 늘어날 수밖에 없는 구조적인 위험에 노출되어 있다. 사는 것 자체가 고통일 수 있는 이유이다. 고액과외를 시도할 수 있는 계층은 가계 부채 문제에서 비교적 자유롭다. 이에 비해 고액과외에 엄두를 낼 수 없는 계층은 훨씬 많다. 실물경기는 제대로 살아나지 않고 일자리도 골고루 돌아가지 않아 적정 수준의 소득이 보장되지 않는 서민 가계의 상황은 우리 경제의 앞날에 좋지 않은 영향을 미칠 수밖에 없다.

미국 카네기 재단이 2009년 발표한 보고서에 따르면 2050년까지 한국 장기성장률은 2.47%로 G20국가의 평균성장률 3.6%에 크게 못 미칠 것으로 나타났다. 인구는 감소하고 일자리는 줄어들고 가계 부채는 늘어나는 서민경제의 악순환 고리를 시급히 끊을 수 있어야 한다. 우리의 미래를 담보하기 위해 보다 적극적인 서민대책을 마련해야 한다. 2009. 12. 8

수출과 내수 균형 회복 시급하다

우리 경제의 무역의존도가 이미 90%를 넘어섰다. 2000년 이후 평균 5, 60%대였던 점을 감안하면 이상 현상이다. 무역의존도가 높다는 것은 국내 경제의 상당 부분을 해외시장에 의존하고 있다는 뜻이다. 우리나라는 개방경제체제의 특성 탓에 미국이나 중국 등의 다른 나라에 비해 무역의존도가 높을 수밖에 없는 구조다.

그러나 짧은 기간에 해외의존비율이 급격하게 상승한 것은 우리나라가 대외 여건의 변화에 대응하기가 쉬워지지 않았다는 것을 의미한다. 다른 나라들의 무역의존도와 비교하면 한국 경제가 매우 취약한 구조라는 사실, 그리고 갈수록 경제의 뼈대가 약해지고 있는 것이다. 일본의 경우 무역의존도가 32%로 상당히 낮다. 영국과 프랑스, 오스트레일리아도 평균 3, 40%대에 머무르고 있다. 특히 한국과 인구가 비슷한 영국, 프랑스 등과 견줘 보면 한국의 상황은 염려스럽다.

무역의존도가 높을수록 국민경제는 대외 변수의 영향을 더 받는다. 세계경제가 불안하여 수요가 감소하면 수출이 줄어 국민경제가 위축되는 것을 막기 어렵다. 2009년 미국발 금융위기 당시 무역의존도가 낮은 국가들은 상대적으로 피해가 적었으나 무역의존도가 높은 국가들은 타격을 피할 수 없었다. 이제는 외국이 기침하면 감기가 드는 정도가 아니라 아예 몸살을 앓게 된 것이다.

무역의존도가 높아진 것은 세계경제위기에 따른 환율 급등의 영향이 컸다. 달러 표시 국내총생산은 환율 급등으로 크게 줄어든 반면 수출입은 증가세를 지속해 국내총생산 대비 수출입 비중이 갑자기 높아진 것이다. 환율이 다시 하락세를 보이면서 무역의존도는 낮아질 것으로 예측된다.

물론 무역의존도가 단기간에 오르락내리락 한다고 해서 일희일비할 일이 아니다. 과도한 수출의존형 무역구조가 존재하는 한 수시로 몸살을 앓는 것은 불가피하다. 이 같은 산업 구조가 유지되는 한 우리나라는 외국발 경제 위기에 벌거벗고 대응하는 것이나 마찬가지다. 무역의존도의 폭발적인 증가는 대외 개방체제로 내수 기반이 튼튼하지 못해 외부 충격에 취약할 수밖에 없는 한국 경제의 실상을 드러낸 것이다.

이제부터라도 내수 기반을 넓혀 경제 체질을 수출과 내수의 균형 구조로 바꾸어야 한다. 내수 시장이 탄탄하게 자리하고 있을 때 해외 악재가 터질 때마다 국내 경제가 엄청나게 요동치는 최악의 상황은 피할 수 있다. 따라서 정부는 위축된 민간투자를 되살려 내수 기반을 튼튼히 해야 한다.

수출입 의존율이 낮은 서비스 산업도 육성해야 한다. 이를 위해 교육, 의료, 법률 분야 규제 완화 등 제도 개선도 함께 추진할 필요가 있다. 장기적인 시각으로 내수 확대 정책도 추진해야 한다. 내수 확대는 경기회복의 지름길이자 경제 체질을 탄탄하게 다져주기 때문이다.

신자유주의의 대안은 '기본소득제'

모든 국민에게 기본소득을 제공하여 국내 복지시스템을 대대적으로 개선하자는 의견이 제시됐다. '기본소득 도입의 가능성과 정당성에 대한 쟁점 고찰'이라는 주제로 지난 11월 11일 가톨릭대학교 미카엘홀에서 열린 학술 심포지엄 자리에서였다.

기본소득은 국가가 국민 모두에게 매월 일정 수준의 소득을 제공함으로써 인간적인 생활을 보장하는 제도이다. 진보 인사들은 신자유주의 경제 체제에서 경제적 불평등이 심화되고 부의 재분배가 기능을 상실하는 상황을 개선하기 위한 좋은 장치라고 주장하고 있다. 또 다양한 국가 복지 제도를 단일화해 행정 체제를 간소화할 수 있는 데다 복지 혜택을 받는 소외계층에 대한 동정과 자존심 문제도 함께 해결할 수 있다는 것이다.

곽노완 서울시립대 교수의 발제로 진행된 심포지엄은 기본소득제도의 사례와 우리사회에서의 정착 가능성을 집중 논의했다.

곽 교수는 기본소득제도가 첫째로 복지 사각지대를 없앨 수 있다는 점, 둘째로 노동 소득에 따라 혜택에 차별을 받지 않는다는 점 등을 제시했다. 현재의 선별적 복지 제도가 갖는 부작용을 상당 부분 감소시킬 수 있는 제도라는 것이다.

또 기본소득은 공통적으로 제공받는 것이므로 노동 의욕 감퇴 문제도 해소할 수 있다고 말했다. 그는 "가처분 GDP 중 노동 소득이 60%라면 배당, 이자 등의 불로소득은 40%에 달해 소수의 사람들이 가처분 GDP의 반 가까이를 일하지 않고 가져간다."라며 기본소득제도가 분배의 새로운 패러다임을 제시할 수 있다고 자신했다.

제갈현숙 사회공공연구소 연구위원은 기본소득 전략을 적용하기 위한 이론적 설명이 부족하다는 점을 비판했다. 최광은 사회당 대표는 "발제를 듣고 문화적 충격을 받았다."면서 기본소득은 노동연계복지의 문제를 극복하는 새로운 패러다임이자 국민다수가 원하는 방식이 될 수 있다고 밝혔다. 허선 순천향대 교수는 보편적 복지 혜택 차원에서 기본소득제를 인정하면서도 우리 사회에서 복지를 확대하는 데 있어서 기본소득이 좋은 전략이 될 수 있겠느냐며 회의적인 입장이었다.

우리에게 복지 패러다임의 전환이 필요하다는 데는 사회적 동의가 이루어진 것으로 보인다. 복지는 선택이 아니라 필수라는 사회적 합의도 도출됐다. 문제는 방법이다. 정치는, 더불어 번영

할 수 있는 공영을 지향해야 한다. 경제는 더불어 가치를 누리며 살아갈 수 있는 공생을 지향해야 한다. 세계 경제 10위권으로 도약한 우리나라가 최소한의 삶의 질을 국민에게 보장하는 제도적 장치가 무엇인지 고민해야 할 때다.

브라질은 볼사 파밀리아Bolsa Familia라 불리는 소득지원 프로그램을 운용하고 있다. 이 프로그램의 혜택을 받고 있는 가구는 1천130만 가구에 이른다. 제도가 도입된 2003년 당시의 350만 가구에 견주면 놀랄만한 성과다. 볼사 파밀리아 프로그램은 브라질 인구 1억9천만 명의 4분의1에 해당하는 4천500만 명에게 혜택을 주어 지니계수(불평등지수)는 2002년 0.58에서 2007년 0.55로 개선됐다.

사회생활의 문턱에 들어서 가정을 이뤄 자녀를 낳으면 보육과 교육의 고비용 구조에 시달린다. 결혼을 미루거나 출산을 기피하는 사람이 느는 이유다. 고령화로 사회구조도 왜곡되고 있다. 선제적 복지 시스템 구상으로 이와 같은 상황을 타개해야 할 상황이다. 기본소득제는 복지의 대안이 될 수도 있다는 생각을 해 본다. 2009.12. 6

일자리 창출이 복지의 출발

지난해(2010년) 직장을 얻고 싶어도 취직하기 어려웠던 '사실상 실업자'가 190만 명을 넘어섰다. 취업을 원하는 경제 활동 인구의 7.7%이자 공식 실업률 3.7%의 두 배를 뛰어 넘는 수치이다. 기획재정부와 통계청에 따르면 지난해 정부가 분석한 취업 애로계층은 연간 평균 191만5천 명으로 2009년의 182만 명보다 9만5천명 가량 늘었다. 이는 지난해 정부 목표치인 188만 명을 초과한 규모다. 경제가 비교적 괜찮은 평년 취업 애로계층이 160만 명 수준이라는 점을 고려하면 지난해 구직난이 얼마나 심각했는지를 보여주었다.

'사실상 실업자'는 정부의 실업통계에 들어가지 않지만 여기에는 실직과 다름없는 광의의 실업자가 포함돼 있다. 사실상 실업률에 해당하는 취업 애로율은 2009년 7.46%에서 지난해엔 7.73%로 올랐다. 이는 공식 실업률 3.7% 보다 두 배 이상 높은 수치이다. 취업 애로자 숫자도 공식 실업자인 88만9천 명에 비해 2.08배로 확대됐다.

'사실상 실업자'가 증가하고 있다는 사실은 현실이 그만큼 어둡다는 것을 의미한다. 공식 실업통계에 잡히지 않는 사실상의 실업자는 정부가 시행하는 고용정책의 사각지대에 놓여 정책 차원의 혜택을 받기 어렵다. 또 경기가 회복세에 접어들더라도 경제 산업 구조의 특성상 일자리를 얻기까지 시간이 많이 걸린다. 경기가 회복 중인데도 고용 없는 성장이 지속되고 있는 사실이 이를 반증한다.

정부가 공식 실업통계가 아닌 사실상의 실업자나 실업률을 근거로 정책을 세울 수는 없을 것이다. 그렇다고 해서 이를 등한시

한다면 고용시장의 실체를 제대로 파악하기 어렵다. 노동유연화 정책으로 비정규직의 비중이 높고 조기 퇴직이 일반화된 상황에서 공식 집계만으로 고용정책을 수립하고 집행할 경우 또 다른 난관에 봉착하기 쉽다.

실업자들에게 중소기업을 택하라고 강권하거나 고용 환경이 불안한 계약직 취업을 조언하는 것은 그다지 유용하지 않다. 정부는 고용 문제를 단순히 수치상 문제로 보는 기본 인식을 바꿔 정부와 기업, 민간사회단체가 함께 노동구조 혁신방안을 논의해야 한다. 한국 경제가 안정적인 성장을 이어가기 위해서는 정부가 적극적인 실업대책을 강구해야 하는 것이다.

실업대책은 여러 가지가 있을 수 있다. 기업이 투자를 늘리도록 유도하고 서비스 산업이 활성화되도록 여건을 마련하는 것도 그 중의 하나일 것이다. 재택근무제도, 파트타임제, 임금피크제, 잡셰어링 등 여러 형태의 근무 제도를 공기업과 일반기업이 도입하도록 장려하는 것도 좋은 방안이다. 이러한 실업 대책은 대기업의 고용 창출 노력과 맞물려야 제대로 효과를 낼 수 있다.

기업은 새로운 일자리를 만들어내기 위해 노력하고 정부는 제도의 개선과 보완을 통해 고용을 창출하는 기업에 대해 지원을 늘리는 등 정부와 기업이 서로 보조를 맞춰나갈 때 고용 시장에 시너지 효과가 나타난다. 고용 창출은 정부 입장에서는 국민을 위한 복지 대책의 실천이며 기업 입장에서는 사회 공헌의 지름길이다. 2011. 3. 5

'식량 식민지' 되지 않으려면…

우리나라의 식량자급률이 하락세에서 좀처럼 회복될 기미를 보이지 않고 있다. 식량자급률은 한 나라의 식량 총 소비량 중 국내 생산으로 공급되는 정도를 나타내는 지표이다. 이 지표의 높고 낮음에 따라 국민의 먹을거리가 제대로 확보되었는지 판가름 난다.

2009년 우리나라의 식량자급률은 57%, 사료용을 포함한 곡물자급률은 26.7%로 모두 사상 최저였다. 1980년 56%에 달했던 곡물 자급률은 2003년 27.8%로 추락한 이후 2005년 29%로 상승했다가 27%대까지 내림세를 지속하고 있다. 쌀과 서류(감자, 고구마 등)는 각각 94%와 98%로 매우 높은 자급률을 보였으나 밀과 옥수수는 각각 0.4%와 0.9%에 불과했다. 보리쌀은 36%, 콩은 7% 수준에 그쳤다. 사정이 이렇다보니 식량 수입액은 51억 달러로 전년도 33억9천만 달러보다 51%나 증가했다.

농림수산식품부는 겨울철 유휴 농지를 활용해 작물 재배 면적을 늘리는 대책을 내놓았지만 효과는 의심스럽다. 더구나 한미자유무역협정FTA을 비롯한 쌀 시장 개방과 신자유주의 시장정책으로 쌀값마저 폭락하고 있어 350만 농민들은 불안하기만 하다. 지난 2009년 유례없는 대풍에도 불구하고 자급률은 오히려 하락했고 국내 곡물 가격마저 내리막길을 걸어 농민들에게 큰 상처를 안겼다. 쌀 80kg 한 가마에 16만 원대이던 산지 쌀값은 12만

원대로 폭락했다. 생산비조차 제대로 건지지 못한 농민들이 허다했다. 나주에서는 쌀값 폭락에 대한 항의 표시로 논을 갈아엎는 사태로 비화하기도 했다.

우리나라 곡물 자급률은 2003년 기준 경제협력개발기구OECD 29개 회원국 가운데 26번째로 최하위권이다. 특단의 대책이 요구되는 것은 이 때문이다. 먹거리를 외국에 의존하다 보면 식품 안전에 대한 불안과 혼란이 가중된다. 소비자가 원하는 안전하고 품질 좋은 농산물을 지속적으로 싼 값에 구하기도 어려울 것이다. 농민이 저가의 외국 농산물에 밀려 농업을 포기하는 사태로 발전하면 식량 수급 불안과 함께 세계 식량 메이저에 식량 경제가 예속되는 상황을 초래할 위험도 있다. 식량을 안정적으로 공급하는 문제가 해결되지 않을 경우 물가 상승을 반복하는 사태를 맞을 수도 있다.

우리나라는 현재 연간 곡물 수입량의 73%를 곡물 메이저들과 일본계 종합상사등을 통해 수입하고 있다. 수입은 장기계약이 아닌 필요할 때 수입하는 방식이어서 가격 위험에 노출돼 경제적 손실까지 감수해야 한다. 미국의 카길과 콘티넨탈, 프랑스의 루이스 드레퓌스, 브라질의 방기 등 세계 곡물 공룡메이저들이 한국 곡물 시장을 쥐락펴락하지 않는다는 보장이 없다.

우리 농업은 일반적인 작물 재배에서 벗어나 안전하고 품질 좋은 농산물을 생산하는 친환경 농업으로 변화를 꾀하고 있다. 그러나 기본적으로 식량자급률이 30% 이하의 상황에서는 식량 자주권을 잃어 값싸고 품질 좋은 농산물을 제때 구입해 먹을 수 있는 선택권을 상실한 것과 같다.

식량자급률 하락은 식량안보 위기와 연결된다. 이웃나라 일본에서는 필사적으로 식량자급률을 높이는 정책을 추진해 2006년 자급률을 27%에서 2007년 28%로 높여 우리나라를 앞질렀다. 선진국에서도 식량자급률에 대한 위기감을 느끼고 대책을 세우고 있는 상황에서 우리나라만 가만히 있을 수 없는 일이다.

멍들어 가는 농민의 마음을 헤아리고 국민의 생명을 담보하는 안전한 먹거리의 자급률을 높이기 위해서는 사고의 전환이 필요하다. 식품산업에 대한 진입 장벽이 높고 유통구조의 효율성도 떨어지는 현실을 고려할 때 해외에 대규모 식량 생산 기지를 확보하여 식품산업의 진입 장벽을 낮추는 것도 해법이 될 수 있을 것이다. 2009.11.15

관광 강국으로 가는 길

관광산업은 미래형 산업이다. 현재 전 세계 GDP의 10% 이상을 차지하고 있는 관광산업은 IT, 자동차산업과 함께 미래를 주도할 3대 산업으로 지목되고 있다. 한국의 관광산업은 한 때 퇴폐산업의 대명사로 불릴 정도로 외화 획득에 지나치게 방점을 두었던 것이 사실이다. 그러나 소득 증가에 따라 관광이 여가 문화로 자리잡기 시작하면서 관광산업은 국가 기간산업의 하나로 인식되고 있다. IT산업의 5배, 제조업의 2배 이상 고용 창출 효과가 있다는 연구 결과도 있다. 차세대 성장 동력이 될 수 있다는 얘기다.

고용 없는 성장 시대로 빠르게 진입하고 있는 한국의 입장에서 관광산업 진흥과 이에 따른 고용 창출은 두 마리 토끼를 잡을 수 있는 기회이기도 하다. 관광대국 중국과 해외관광 수요가 풍부한 일본이 이웃하고 인도, 러시아, 동남아, 중동이 새로운 관광시장으로 부상한 것도 우리에게는 호재다.

리먼 브러더스 사태에 따른 금융위기와 세계적인 신종 플루 대유행으로 세계 관광시장은 얼어 붙었다. 그런 가운데서도 한국은 외래 관광객들이 꾸준히 늘어 관광 적자에서 벗어나는 기틀을 다졌다. 여세를 몰아 2020년까지 한국 관광 시장 규모를 현재의 3배 수준으로 끌어 올린다는 것이 정부의 목표다.

문화체육관광부가 2009년 11월 관광산업 선진화 전략을 이명박 대통령에게 보고한 것은 이 같은 정부의 의지를 보여준 것이었다. 전략의 핵심은 관광의 일상화, 수요 창출, 관광 인프라 개선에 모아졌다. 관광 선진화 전략에는 세계 관광 시장의 큰 손으로 떠오른 중국 관광객 유치를 위해 30일 간 무비자 입국을 허용하고 공무원과 국가출연기관 임직원의 연가 사용을 의무화하는 방안이 포함됐다. 공휴일이 휴일 또는 일요일과 겹치면 대체 휴일을 검토하겠다는 방안도 내놓았다.

콘도미니엄과 골프장의 관광 KS마크제 도입, 교통관광 입장료 연계 할인통합카드 '코리아 패스' 시행, 재량 휴업의 활성화 방안도 제시됐다. 설악산, 경주 등 명승고적 뿐 아니라 제주 올레길, 비무장지대 평화생명길, 4대강 주변지역의 특성을 살린 자전거 및 수변 레포츠 벨트 건설 등 관광콘텐츠 개발을 지원한다는 내용도 포함됐다.

정부는 관광산업 활성화 대책이 현실화하면 관광 수입은 2008년 90억 달러에서 2020년 200억 달러로 늘고 일자리는 127만 개에서 250만 개로, 외래 관광객은 689만 명에서 2천만 명으로, 국내 관광소비액은 45조원으로 증가할 것으로 예측했다.

그러나 정책이 성공을 거두려면 서민 생활 안정이 우선이다. 이미 대한상공회의소, 한국경영자총협회 등은 휴일을 늘리는 방안이 기업에 부담이 된다며 전체 휴일 수를 조절해야 한다는 의견을 제시했다. 맞벌이 부부와 경제적으로 어려운 가정의 경우 아이를 돌봐야 하는 재량 휴업을 반기지 않는다는 의견도 나왔다. 공무원들도 수당 문제로 연가와 휴가 사용을 의무화하는 정책을 전적으로 반기는 것 같지 않다. 연가와 휴가를 즐기는 것은 경제적으로 안정된 계층에서나 가능하기 때문이다. 결국 관광 활성화 대책과 서민 생활 안정 대책은 동의어인 셈이다.

한국이 국제적인 관광 경쟁력을 갖추는 것은 쉬운 일이 아니다. 외국 관광객과 내수 관광수요를 함께 확보하기는 더욱 어렵

다. 관광산업 활성화가 문화부 혼자의 힘만으로 될 수 있는 것도
아니다. 국민이 여가를 즐기는 것은 수입과 직결된다. 정부 대책
의 효과를 극대화하기 위해 관련 부처와 긴밀한 공조가 필요하
다.   2009.12. 4

갈등을 넘어 상생으로

노조운동 새 패러다임

노조운동이 지닌 기존의 이미지는 근로자의 이익을 앞세워 임금 인상과 처우 개선을 요구하는 이익집단으로서의 성격이 강했다. 춘투春鬪는 해마다 봄만 되면 각 노동조합이 연대해 임금인상 등을 요구하는 투쟁 패턴이다. 최근 기존 노조운동의 이미지와는 다른 새로운 움직임이 등장해 노조의 권리뿐만 아니라 책임 또한 강조하는 신선한 운동으로 평가 받고 있다.

노조의 사회적 책임Union Social Responsibility을 선언한 LG전자 노조가 좋은 본보기이다. 노조와 사측 양쪽에서 300여 명이 참석한 가운데 열린 USR헌장 선포식에서 LG전자 노조는 생태적 온전성 유지, 사회적 약자 보호, 노조 운영의 투명성 제고, 업무 현장 혁신 주도 등 사회적 책임을 실현하기 위한 4가지 실천 지침을 밝혔다. 조합원의 권익 추구라는 그간의 노조 이미지를 벗어던지고 스스로 정한 윤리규범에 따라 투명한 노조로 환골탈태하겠다는 의지를 내비친 것이다. 뿐만 아니라 회사는 물론 협력 업체와 지역사회까지 발전의 울타리를 넓혀 함께 사는 공동체를 실현하겠다는 뜻을 밝혀 선언의 의미를 더욱 부각시켰다. 국제사회에서는 이미 기업의 사회적 책임에 대해 활발한 논의를 진행하고 있다. 기업의 사회적 책임 기준과 적용범위 확대에 맞춰 국제표준화기구ISO에서 기업의 사회적 책임 활동에 대한 표준을 정하고 인증 부여 방안을 추진하고 있다.

이제는 노조 또한 시대적 · 사회적 흐름에 발맞춰 변화와 혁신을 모색해야 할 때가 되었다. 노사가 화합하여 기업의 발전을 위해 노력하는 것은 물론 협력 업체와 지역사회까지 더불어 성장하지 않고는 생존하기 어려운 시대가 된 것이다. 이 같은 상황에서 LG전자 노조가 발전적 노사관계를 지향하고 협력 업체 및 지역사회와 상생, 고객을 위한 가치창출에 앞장서겠다고 선언한 것은 높이 평가받아야 한다. LG전자 노조는 지난 87년과 89년의 두 차례를 제외하고는 20년 넘는 무파업 기록으로 적잖은 주목을 받았다.

강성 노조의 존재 탓에 세계 최악이라는 평가를 들어야 했던 우리의 노사관계 현실에서 노조가 사회적 역할과 책임에까지 눈을 돌린 것은 기업문화의 변화와 노동운동 방향에 영향을 주는 좋은 선례가 될 것이다.

LG전자 노조가 밝힌 4가지 지침에서 그들이 추구하는 이상적인 노조상을 엿볼 수 있다. 먼저 과도한 임금 인상 요구로 빈축을 샀던 구태에서 벗어나 투명한 노조운동으로 신뢰받는 노조로 거듭나겠다는 점이다. 업무 현장에서 혁신을 추구함으로써 회사의 성장과 발전에 능동적으로 기여한다는 자세도 주목을 끌었다. 또 녹색성장이라는 시대적 흐름에 순응하고 협력 회사의 생산성 혁신을 위해 컨설팅을 지원하는 한편 중소협력업체들의 활로를 열어줌으로써 사회적 약자를 보호하려는 자세도 관심을 모았다.

국내의 많은 기업 노조는 나라의 경제 사정이나 회사 경영보다는 권익 추구가 우선이라는 이기적 사고와 행동 수준에 머물러 있는 것이 현실이다. 노사관계 악화로 외국의 투자자가 발길을 돌리고 국내 기업마저 외국으로 나가게 만들어 일자리 창출을 더욱 어렵게 만든 것이 그동안 우리가 익히 보아온 노조의 현주소였다. LG전자 노조의 사회적 책임 선언이 노동운동에 새로운 바람을 일으키는 촉매가 되기를 바란다. 2011. 4.15

쌍용자동차 노조의 결단

쌍용차 노조가 조합원 총회를 열고 73%의 압도적인 찬성률로 민주노총 탈퇴를 결의했다. 정리해고 문제로 극한 대결을 벌였던 노사가 가까스로 대타협을 이룬 지 한 달여 만의 일이다. 쌍용자동차 노조의 결정은 완성차 노조로서는 처음으로 민주노총을 탈퇴한다는 점에서 비상한 관심을 모았다.

쌍용자동차 노사는 극적인 타협을 통해 파업을 중단하고 회사를 살리는 데 힘을 모으기로 했으나 그동안 돌아가는 상황은 간단치 않았다. 사측은 협상 타결 이틀 만에 농성에 참가했던 노조원 94명에게 해고와 다름없는 '휴업' 명령을 내렸다. 노조 간부들의 공장 출입도 봉쇄했다. 따라서 총회는 노조 집행부가 사실상 와해된 가운데 치러졌다. 노조 집행부가 절차상의 하자를 문제 삼아 결정의 효력 여부가 논란이 된 것은 이 때문이다.

그러나 민주노총 탈퇴 결정은 조합원의 찬성으로 이루어진 만큼 결코 과소평가할 일이 아니다. 탈퇴 결정을 주도한 쪽은 민주노총이나 금속노조의 정치 노선에 쌍용자동차가 희생됐으며 쌍용자동차가 살기 위해서는 민주노총 탈퇴가 불가피했다고 주장했다. '민주노총이나 금속노조가 파업사태 해결에 도움이 되지 않았다, 파업투쟁을 제대로 지지해주지 않았다'는 비판도 일었다. '노사타협 이후 벌어진 상황에 대해서도 아무런 대책을 제시하지 않았다'는 지적도 나왔다. 이러한 불만과 비난의 저변에는 산하노조의 어려움을 타개해주지 못한 민주노총에 대한 불신이 깔려있다.

민주노총은 쌍용자동차 노조의 총회집회금지 가처분신청을 내는 등 절차상의 문제를 거론한 데다 조합원들의 자발적인 총회소집을 사측에 의한 어용노조 출범 시도로 매도하기까지 했다. 현장과 동떨어진 민주노총의 대응이 탈퇴 결정을 부채질했다는 지적도 있다. 민주노총은 지난 7월 조합원 3만 명인 KT 노조가 95%의 절대적인 찬성률로 탈퇴를 결정할 당시에도 사측의 개입이라고 비난하며 불매운동을 주장하는 등 반성의 기미가 없었다. 올해 들어서만 인천지하철공사 노조, 영진약품 노조 등 10여 개 노조가 민주노총을 탈퇴했다.

쌍용자동차 노조의 선택이 현대자동차나 기아자동차 등 다른 완성차 노조에 어떤 영향을 미칠지에 대해서도 관심이 모아지고 있다. 민주노총은 일련의 사태를 각성의 계기로 삼아야 한다. 조합원들로부터 불신과 비판을 받은 원인을 분석하고 잘못은 반성할 필요가 있다.

민주노총에게도 사정이 없었던 것은 아니다. 개별 사업장뿐만 아니라 노동계 전반의 상황을 고려해야 하는 까닭에 쌍용자동차 사태에 발 빠르게 대응하지 못한 면이 있었던 것이 사실이다. 노동문제의 특성상 정·재계를 대상으로 정치적 대응을 하지 않을 수 없었을 것이다. 그러나 민주노총이 이보다 중요하게 여겨야 할 것은 자신들에 대한 조합원들의 신뢰와 지지다. 노동자가 불신하는 노동운동은 지속하기 어렵다. 조합원들이 공감할 수 있는 새로운 운동노선을 시급히 정립해야 한다. 2009. 9.22

상생전략이 국가 경제 살린다

대기업과 중소기업의 상생 문제가 뜨거운 어젠다로 떠올랐다. 이명박 대통령이 얼마 전 대기업의 사회적 책임과 중소기업과의 협력 증진을 언급하면서 촉발된 상생 문제는 이후 대기업이 중소기업에 합리적인 이윤을 보장하고 고용을 증대하라는 정부 주문 단계로 발전했다.

정부와 재계 사이에 의견 공방이 있기는 했으나 필요성 자체가 공방의 대상이 될 수는 없었다. 이슈 제기의 배경이 무엇인지를 떠나 중요한 것은 국가 경제에서 중소기업이 차지하는 비중과 역할이 결코 대기업만 못하지 않다는 점이다. 우리나라의 중소기업은 전체 기업 가운데 99%를 차지한다. 고용비중은 88%, 국가 경제의 성장기여도는 78%에 이른다.

국가 경제에서 차지하는 비중에도 불구하고 중소기업은 지난 몇 년 동안 성장이 제자리걸음을 하고 있는 것이 현실이다. 통계청에 따르면 제조업체 기준으로 지난 2010년 2분기 대기업의 생산지수는 150.5로 금융위기 직전인 2008년 2분기보다 14% 넘게 증가했으나 중소기업은 6% 늘어나는 데 그쳤다. 대기업은 금융위기 직후 2009년 1분기에 104.9의 최저점에서 올해 2분기 150.5로 증가하는 가파른 성장곡선을 그렸다. 이에 비해 중소기업은 2009년 3분기까지 마이너스 성장의 늪에서 헤어나지 못하다 올해 2분기에 124.5로 올라서면서 겨우 금융위기 이전의 지수를 회복하는 데 그쳤다.

중소기업이 성장 동력을 상실한 데에는 인력 부족, 기술개발 부진 그리고 대기업과의 상생협력 부족에서 그 원인을 찾을 수 있다. 협력 업체에 대한 대기업의 납품단가 인하 요구와 지나친 어음 발행 등 대기업의 등쌀에 시달리느라 경기가 호황기로 접어들었어도 중소기업은 여전히 경영난을 겪어야 했던 것이다. 사정이 이렇다 보니 중소기업은 신제품과 신기술 개발은커녕 인건비조차 충당하기 어려운 처지에 빠졌다.

중소기업이 경영난으로 몸살을 앓고 인력 부족으로 품질 좋은 제품을 생산하지 못하게 되면 결국 그 피해는 대기업에게까지 미치게 된다. 갈수록 경쟁이 심화되는 글로벌 시장에서 단 한 개의 부품에 하자가 생겨도 치명적인 타격을 입는 것이 시장 현실이다. 토요타의 리콜 사태가 이를 방증한다.

대기업과 중소기업이 상생해야 한다는 얘기는 대기업이 노력해서 만든 이익을 중소기업과 억지로 나누어야 한다는 뜻이 아닐 것이다. 오히려 중소기업 쪽은 대기업과 합리적으로 경쟁하고 사업을 발전시킬 수 있는 여건을 만들어 주는 것이 이익의 배분보다 더 중요하다고 이야기한다. 물론 중소기업의 이러한 생각과는 달리 정부가 경제 생태계를 약육강식의 현장으로 인식해 상생을 무기로 대기업의 경영에 간섭한다며 못마땅해 하는 대기업도 있다.

대기업과 중소기업의 상생은 이제 선택이 아닌 필수다. 상생이 기업 현실에 뿌리내리기 위해서는 중소기업의 노력도 중요하지만 대기업의 양보가 필요하다. 대기업이 투자와 고용 창출, 사회 공헌에 힘쓰지 않고 있는 것은 아니다. 그러나 대기업은 정부의 대기업친화정책과 수출 호조로 기대 이상의 수익을 올렸던 것이 사실인 만큼 성장의 열매를 중소기업과 나누고 그 열매가 서민에게까지 돌아갈 수 있어야 한다. 2010. 8. 9

기술특허 강국이 우리의 미래다

세계에서 가장 특허를 많이 가지고 있는 기업은 미국의 IBM이다. IBM은 지난 해 3천600건이 넘는 특허를 획득해 14년 연속 미국 특허청 최다 특허 출원 기관 리스트 1위에 올랐다. IBM의 '특허 왕국' 별칭은 특허에 대한 집념이 이룩한 결과이다. 미국의 중소기업도 종업원 수를 기준으로 대기업보다 15배나 많은 특허를 획득하고 있다.

카이스트 문화기술대학원 박사과정을 다닌 황성재 씨는 기술료 수입만 7억 원 넘게 받는다. 그는 특허 60여 개를 출원하고 등록된 특허만 15개에 달한다. 그가 개발한 특허 가운데 대표적인 것은 가상 손가락이다. 손가락으로 멀티미디어 화면의 크기를 자유자재로 늘리는 기술이다. 그는 특허로 이동전화기 제조업체에 5억 원을 받고 기술이전 계약을 맺었다. 터치폰의 문자입력을 획기적으로 빠르게 할 수 있는 장치도 그의 특허이다. 이 방법을 통해 한글 문자를 입력할 경우 터치 수를 최대 6분의 1에서 최소 2분의 1로 줄일 수 있다.

지난해 미국의 대표적 정보기술IT 업체인 애플이 한국전자통신연구원ETRI에 특허기술 사용료(로열티)를 내기로 했다. 애플은 자사가 그동안 스마트폰인 아이폰을 만들면서 ETRI의 특허기술을 무단으로 사용한 사실을 시인하고 매출에 비례해 로열티를 지급하겠다고 밝혔다. 연구원은 미국 구글의 휴대전화 넥서스원을 생산하는 대만 HTC로부터도 로열티를 받았다. 이 같은 소식들은 세계 특허 경쟁에서 밀리고 있었던 우리나라가 기술특허 강국으로 자리매김하고 있다는 증거로 받아들여지고 있다.

연구원이 세계 유명업체로부터 로열티를 받아낼 수 있게 된 것은 2세대 이동통신 개발 경험을 토대로 3세대 이동통신의 일부 원천기술을 개발한 덕분이다. 연구원은 4세대 이동통신인 와이브로WiBro기술도 독자적으로 개발해 국제표준으로 인정받은 바 있다. 현재 2세대 휴대전화 비중이 80%인 세계 휴대전화 시장의 중심이 점차 3세대, 4세대로 이동하고 있는 상황에서 우리나라도 로열티를 내는 입장에서 받는 입장으로 바뀌게 된 것이다.

최근 들어 지적재산권은 세계시장에서 제조업뿐만 아니라 기업과 국가에게 있어서도 경쟁력의 원천으로 부각되고 있다. 세계 곳곳에서 특허권자의 권리를 찾기 위한 소송이 2003년 9천445건에서 2007년 1만9천537건으로 급증한 것은 이 같은 추세를 뒷받침한다. 주식과 채권 대신 아이디어와 특허 등 지적재산에 투자해 수익을 거두는 발명 자본이 투자 행태의 중심이 되는 발명 자본주의Invention Capitalism 시대가 낯설지 않게 되었다.

해마다 3조~4조 원의 로열티를 다른 나라에 지불해야 하는 우리의 입장에서 연구원이 올린 성과는 그 의미가 크다. 그동안 우리나라는 제조업 분야에서 괄목할 만한 성장을 거듭해 IT, 자동차, 조선 분야에서 강국의 면모를 지니게 되었지만 기술특허 분야에서는 그러지 못했다. 이제부터는 최종 제품에서뿐만 아니라

관련 분야의 원천기술에도 강국의 면모를 갖추는 데에 박차를 가
해야 한다.

우리나라의 특허 출원 건수는 미국 일본 중국에 이어 세계 4위
이지만 특허로 외화를 벌어들이는 기술무역수지는 2008년 31억4
천만 달러 적자였다. 미국에 이어 특허 수입 세계 2위인 일본도
2003년에야 비로소 기술무역수지 흑자국이 되었다.

기술특허 강국은 구호를 외친다고 되는 것이 아니다. 국가가
나서서 기초과학 분야를 지원·육성하고 기업이 연구개발R&D투
자를 늘리는 것이 특허 강국으로 가는 지름길이다. 원천기술 개
발의 토대가 되는 기초과학의 육성을 위해 중장기 마스터플랜을
수립하고 국가 차원의 지원이 있어야 한다.

지적재산권 보호를 위해 정부와 기업 그리고 개인이 노력할 필
요도 있다. 스위스 국제경영개발원IMD의 분석에 따르면 한국의
지적재산권 보호 수준은 57개국 가운데 33위에 불과하다. 아이디
어와 특허를 가진 개인과 중소기업이 합당한 보상을 받고 있다고
보기 어려운 대목이다. 중소기업은 특허의 획득과 소유권 유지,
상품화로 전환하는 과정을 효과적으로 운영하는 데 필요한 자원
이나 노하우가 부족하다. 지적재산권 관련 사안에 있어 상호 협
력의 기회가 거의 없는 것이다.

미국의 '특허공룡' 인터렉츄얼 벤처스는 세계 각국으로부터 특
허를 스펀지처럼 빨아들이는 기업으로 유명하다. 이 회사는 국내
의 주요 대학과도 특허 아이디어 계약을 맺고 기술이 완성되면

사들인다. 일종의 특허 선물거래이다. 무차별적으로 특허를 수집한 이 회사는 삼성과 LG에 특허 침해를 이유로 16조 원의 로열티를 지급하라는 소송을 제기해 수억 달러를 받아내기도 했다.

특허는 침범해서도 안 되지만 확보된 기술을 팔아 남 좋은 일 시키는 것도 하지 말아야 한다. 국내 대기업들도 국내 지적재산에 대해 대우를 제대로 하지 않고 있는 것이 현실이다. 기술특허 강국으로 가기 위해서는 정부와 기업, 사회 모두가 지적재산권에 대한 인식을 높여 권리를 존중하고 보호하는 풍토를 조성해야 한다. 2011. 3.10

중소기업 자금난, 어떻게 할 것인가

지난해(2010년) 정부가 중소기업에게 낮은 이자로 빌려주는 정책자금 지원이 시작하기 무섭게 빠르게 소진되었다. 이 같은 현상에 대해 전문가들은 각종 경기지표의 개선에도 불구하고 대기업에 비해 경기회복 체감 속도가 상대적으로 늦은 중소기업이 뒤늦게 정부지원 자금에 몰렸기 때문이라고 분석했다.

중소기업진흥공단에 따르면 올해 정책자금은 3조2천75억 원 규모로 책정되었다. 정부는 정책자금 배분방식을 일반 업종 중심의 네거티브 방식에서 전략 업종 위주의 포지티브 방식으로 개편하고 전략 업종은 녹색 · 신성장 동력 사업, 부품 · 소재 산업, 뿌리 산업, 지역전략 · 연고 산업, 지식서비스 산업, 문화콘텐츠 산업, 바이오 산업, 융복합 산업, 프랜차이즈 산업 등 9개 분야로 분류했다.

　지난해 집행된 정책자금의 흐름을 살펴보면 동네 슈퍼마켓과 같은 소규모 점포를 대상으로 시설 개선과 경영 자금 등을 빌려 주는 소상공인 지원자금 3천억 원은 초기에 빠르게 소진되었다. 긴급 경영 안정 지원자금 2천500억 원도 신청 초반부터 소진율이 상당히 높았다. 경기가 호전되었다고는 하지만 여전히 많은 중소기업들이 경영난을 겪고 있다는 얘기다.

　정책자금에 대한 중소기업의 의존이 정부의 예상보다 훨씬 웃도는 것은 간단히 보아 넘길 일이 아니다. 정책자금의 대출 수요가 높다는 것은 경기 호전의 혜택을 제대로 못 받는 중소기업이 적지 않음을 뜻한다. 정부는 올해 정책자금 규모를 지난해보다 700억 원 가량 늘렸지만 이 정도 액수로는 역부족이다. 더구나 시중은행이 가계대출 규모는 대폭 늘리면서도 자금난을 겪고 있는 중소기업 대출 규모는 오히려 낮추는 바람에 자금을 구하는 데 이중의 어려움을 겪고 있다.

　게다가 엎친 데 덮친 격으로 자금 압박에 시달리는 중소기업들을 둘러싼 상황도 악화 일로로 치닫고 있다. 구조적인 내수 침체와 환율 불안, 고질적인 대기업의 납품단가 인하 압박에다 대기업이 중소기업 시장에 무차별적으로 진출하는 바람에 더욱 어려움을 겪고 있다. 중소기업은 우리나라 전체 기업의 99%를 차지

하고 전체 일자리의 88%를 담당한다. 국가경제에 대한 기여도에
도 불구하고 중소기업은 더욱 버티기 어려운 기업 환경으로 내몰
리고 있는 것이다.

2008년 중소기업중앙회의 조사에서 중소기업들은 경영난의 최
대 원인으로 소비 위축을 꼽고 82%가 정부의 경제 활성화 대책
이 별 도움이 되지 않는다고 답했다. 글로벌 경제 위기로 인한 내
수 침체로 국민들의 소비는 갈수록 위축되고 정부가 그동안 대기
업에 힘을 실어주는 정책을 펴 온 바람에 기업 환경이 갈수록 불
리해지고 있다는 얘기다.

정부는 중소기업 지원 정책자금이 필요한 기업에 제대로 지원
되도록 챙길 필요가 있다. 뿐만 아니라 중소기업 대표 기관과 연
계해 중소기업에 실질적인 혜택이 돌아갈 수 있는 경제 활성화
대책도 마련해야 한다. 2011. 4.18

'차별 없는 세상' 만들기

지난 2007년 이후 꾸준히 감소했던 비정규직이 2009년 하반기
에 들어 다시 증가세로 돌아섰다. 게다가 정규직과 비정규직 간
의 임금 격차도 더 벌어졌다. 2009년 7월부터 새로 시행된 비정규
직법의 영향으로 비정규직의 평균근속기간도 짧아졌다. 근로복
지 수혜율과 사회보험 혜택도 정규직에 비해 열악한 상황이다.
이 같은 현상은 노동조건의 개선은 차치하고 뛰는 물가를 따라잡

기조차도 어려운 비정규직의 현실을 여실히 보여준다.

경제위기의 여파로 높아진 실업률을 낮추기 위해 정부는 희망근로나 청년인턴 등과 같은 고용정책을 추진했다. 그러나 일자리가 늘기는 했지만 비정규직이 대부분을 차지했고 그것도 임금 수준이 낮은 중년, 고령층과 여성 비정규직이 늘었다. 이는 경제위기를 맞아 정부가 창출하기 어려운 정규직 일자리 대신 희망근로나 청년인턴 등과 같은 단기임시직을 늘려 실업률을 낮추려는 고육지책이라고 할 수 있다. 경제 위기가 지난해에 비해 다소 나아졌다고는 하지만 아직도 경제의 회복세가 뚜렷하지 않은 상황에서 기업들이 일자리를 늘리는 것은 쉽지 않은 일인데 그렇다고 정부까지 일자리 정책에 소홀하다면 비정규직 상황은 더욱 심각해질 것이기 때문이다.

그동안 정부가 집중했던 단기적인 고용 창출 정책이 고육지책이었던 만큼 보다 진일보한 정책이 나와야 한다. 복지 정책도 추진해야 한다. 일자리조차 없는 절대빈곤층의 처지를 돌보는 것은 물론 일자리를 가진 이들이 빈곤층으로 추락하지 않도록 방지하는 것은 복지 정책의 중요한 목표이기 때문이다. 질 좋은 일자리를 창출하려는 정부의 노력은 기업들이 일자리를 늘리는 데도 긍정적인 영향을 미친다. 고용 창출 노력이 장기적인 측면에서 내수 기반의 강화로 이어진다는 사실을 기업들이 잘 알고 있기 때문이다.

　정부가 지난해 출범시킨 국가고용전략회의는 심각한 고용 문제 해결을 위해 통합부처회의로 신설된 한시적 기구이기는 하지만 정규직 창출과 실업률 안정이라는 두 마리 토끼를 목표로 하고 있다. 이 같은 정부의 행보는 '고용 없는 성장'으로 요약되는 우리나라 경제의 구조적인 문제점을 극복하겠다는 의지를 천명한 것으로 해석된다.

　지난해 우리 경제가 금융위기를 겪은 나라 가운데 가장 빠른 회복세를 보여 경기의 조기 회복에 대한 기대감이 커지고 있는 것이 사실이다. 그러나 한편으로 청장년층 실업자가 늘어나면서 고용 없는 성장에 대한 우려 또한 확산되고 있는 것도 현실이다. 이러한 상황에서 정부가 실업 문제를 개선하려는 노력을 보이는 것은 적절한 태도라고 생각된다. 그러나 우려되는 것은 정부가 단기간의 고용 비율 지표 개선에 목표를 두어서는 안 된다는 점이다.

　고용의 총량에도 문제가 있지만 실업자 400만 명 시대가 증명하듯 안정된 일자리가 부족한 '고용의 질'도 문제다. 고용의 총량에만 주목하여 저임금의 단기간 일자리를 양산해 고용지표만 개선한다면 고용증가가 '소득 증가 → 소비 진작 → 투자 활성화'라는 선순환을 창출되는 데 큰 영향을 미치지 못할 것이다.

　정부가 다각적으로 추진하고 있는 고용정책이 성과를 거두기 위해서는 정부와 정치권 그리고 재계 모두가 함께 팔을 걷어 붙

여야 한다. 정부는 현재의 고용 상황을 정확하게 파악하고 이에 따른 대책을 마련해야 한다. 정치권은 정부의 정책 추진이 효율적으로 이루어지도록 지원해야 한다. 아울러 기업체들도 신규 고용과 투자를 늘려 고용을 진작시키는데 앞장서야 한다.

정부는 고용 비율을 해마다 0.1% 올리는 것을 시작으로 앞으로 10년 안에 60%를 달성한다는 계획을 내놓았다. 일자리 창출을 위한 모든 정책 수단을 동원하겠다는 정부의 의지가 고용 현장에서 피부에 닿는 성과를 낼 수 있기를 기대한다. 2009.11.17

공기업의 책무

국민이 먼저다

고용노동부는 2010년 1월 28일 공무원 노조법 시행 5주년을 앞두고 공무원 노사의 불법 관행이 상당히 근절되었다고 평가하고 합리적인 노사 관계를 정착시키기 위해 법과 원칙에 입각한 정책 기조를 바탕으로 불합리한 관행을 해소해 나가겠다고 밝혔다. 그러나 일부 기관과 노조에 불법 관행이 여전히 남아 있어 합리적인 노사관계 정립에 걸림돌이 되고 있다는 지적도 빠뜨리지 않았다. 바람직한 공무원 노사관계를 정립하기 위해 정부와 공무원노조의 노력은 계속되어야 한다는 의미이다.

정부는 2009년 10월 전국공무원노동조합(전공노)을 노동조합법상 법적 보호를 받지 못하는 법외노조로 분류했다. 해직 공무원을 노조에서 배제하라는 노동부의 9월 18일자 시정 명령을 이행하지 않은 데 따른 조치였다. 이에 따라 전공노는 공무원노조법규정에 의해 노동조합의 지위를 잃었다.

불법단체가 된 전공노에 대해 정부는 노조에 지원한 사무실을 회수하고 노조 전임자에게 업무 복귀를 지시하는 한편 단체교섭 무효화를 선언을 하는 등 강경 조치를 취했다. 정부는, 전공노와 함께 12월 통합공무원노조를 결성해 민주노총에 가입하기로 한 민주공무원노동조합(민공노)에 대해서도 11월 9일까지 해직자 32명을 탈퇴시키지 않으면 같은 조치를 취하겠다고 통보했다.

전공노는 조합원 5만여 명에 중앙과 지방의 공공기관에 125개 지부를 둔 큰 조직이다. 2002년 법외노조로 출범했지만 2년 전 합법노조로 인정받기도 했다. 그러나 해직 공무원을 노조에서 배제하라는 노동부의 시정 명령을 끝내 따르지 않아 결국 불법단체가 되고 만 것이다. 전공노에는 90여 명의 해직자가 공무원법을 어기고 조합원으로 활동하고 있었다. 특히 전공노는 노동부에 해직 노조 간부 6명의 보직 사퇴와 탈퇴서를 허위로 제출했던 것이 탄로 나자 "정부와의 정면충돌을 피하기 위한 자구책이었을 뿐."이라고 변명하는 추태를 보이기도 했다.

전공노는 통합공무원노조로 새롭게 출범하고 조합원들도 여기에 재가입하게 되어 정부의 조치는 실효성이 크지 않았다고 볼 수 있다. 그럼에도 불구하고 정부가 강수를 둔 것은 불법행위를 뿌리뽑아 원칙을 바로 세우려는 의지를 보여주기 위해서라고 할 수 있다. 정부는 해직 공무원의 노조 활동 중지 여부에 대한 전공노의 입장 표명을 보아가며 이후 통합공무원노조의 노선을 가늠하려 했던 것이다.

공무원의 정치적 중립은 매우 중요하다. 공무원이 이념적으로 편향된 단체에 가입하는 자체만으로도 정치색을 지닐 가능성이 있기 때문이다. 특정 정파를 지지하는 단체와 행동을 같이 하면서 국민을 섬기고 정치적 중립 의무를 지킨다는 것은 상식적으로 받아들이기 어렵다.

그러나 그동안 공무원노조의 활동에 제약이 많았다는 점을 간과해서는 안 된다. 공무원노조는 노동3권 가운데 단체행동권이 없는 상태여서 파업은 무조건 불법으로 간주된다. 단체교섭을 체결했더라도 법률은 물론 명령, 규칙, 조례에 위반되면 무효가 되는 등 단체교섭권에도 제약이 많았다. 정부와 공무원노조 간의 관계를 위해 개선되어야 할 점이다.

정부와 공무원노조는 가슴을 맞대고 노·정 상생 화합의 길을 찾아야 한다. 정부는 공무원노조의 불법 행동에 대해 단호히 대응하면서도 단체교섭 등 노조 활동에 대해서는 유연한 자세로 대화에 임해야 한다. 공무원노조는 강경 투쟁보다 대화를 통해 정부를 납득시킬 수 있는 카드를 보여줘야 한다. 반목과 투쟁은 정부와 공무원노조는 물론 행정 서비스를 받아야 하는 국민에게도 피해를 줄 수 있다는 사실을 잊어서는 안 된다. 2009.11. 1

공공기관 경영평가는 공정성이 생명

기획재정부는 2010년 9월 민관 합동 태스크포스를 구성해 공공기관 경영평가제도에 대한 최종 개선방향을 마련하고 2011년부터 적용할 계획이라고 밝혔다. 기관과 기관장으로 나눠져 있는 평가체제를 통합하고 평가지표를 단순화하는 한편 기관의 특성과 성격에 따라 차별화하고 평가위원들의 윤리규정을 강화하여 평가에 대한 신뢰성을 확립한다는 것이 골자이다.

정부는 그동안 공공기관 경영평가를 하면서 기관 평가와 기관장 평가를 별도로 실시했다. 이로 인해 동일기관을 대상으로 실시한 기관과 기관장 평가에서 서로 소속이 다른 것처럼 평가되는 결과가 도출돼 논란의 소지를 제공한 바 있다. 기관 평가 결과는 낮은데 기관장 평가 결과가 좋게 나왔다면 평가 자체에 대한 신뢰성에 의문을 갖게 할 수 있기 때문이다. 신뢰성과 공정성을 우선으로 다루어야 할 공공기관 경영평가제도의 신뢰성에 금이 가고 공정성이 상처를 입는다면 심각한 문제가 아닐 수 없다.

한전의 경우가 좋은 예이다. 기획재정부가 발표한 2009년도 공공기관 경영평가 결과 한전은 2년 연속 적자를 기록하고 2010년 상반기에 2조 원이 넘는 적자를 냈으면서도 가장 높은 S등급을 받았다. 이에 따라 상식적으로 납득이 가지 않는 결과에도 불구하고 한전은 임직원에게 기본급의 500%가 넘는 성과급을 지급했다. 이 같은 예는 한전에 그치지 않는다. 빚만 118조 원에 달하는 한국토지주택공사도 2009년 경영평가에서 A등급을 받아 이듬해 임직원에게 1천여 억 원의 성과급을 지급했다.

공공기관의 특성상 일반기업에 비해 재무건전성 관리에 어려

움이 많다는 점을 고려하더라도 천문학적 부채를 지고 있는 공기
업이 임직원에게 성과급을 턱없이 많이 지급하는 것은 쉽게 이해
가 되지 않는다. 공공기관의 예산이 국민의 세금으로 충당된다는
점을 생각하면 건전한 재정 운용은 아무리 강조해도 지나치지 않
다.

공공기관 경영평가는 국가의 발전과 국민의 행복에 도움이 되
는 방향으로 이루어져야 한다. 공공기관 경영평가제도의 문제점
을 방치하는 것은 공공기관의 주인인 국민을 우롱하는 행위와 다
름이 없다. 국민이 이해하고 수긍할 수 있도록 공공기관 경영평
가제도의 신뢰성과 공정성을 높여야 한다.

기획재정부의 방침이 평가의 신뢰성과 공정성을 높이려고 노
력했다는 점에서 바람직한 일이다. 그동안 제기된 공공기관 경영
평가제도의 문제점이 한두 가지가 아니었다는 점을 감안해서 경
영평가 제도를 개편한다면 공공기관의 경영 상태를 제대로 진단
할 수 있을 것이다. 2010. 9.29

첫 단추 잘못 낀 민자 인천공항철도

인천공항철도를 코레일(한국철도공사)이 인수하는 양해각서
MOU가 체결됐다. 정부 부담을 줄인다는 명분으로 추진한 민간자
본 사업이 오히려 국민에게 더 큰 부담을 안겨준 꼴이 됐으니 안
타까운 일이다. 더군다나 만성 적자에 시달리는 코레일이 1조2천
억 원을 부담하여 민간자본 지분을 인수한다고 하니 안타까움에

걱정까지 더하게 된다.

　우리나라 최초의 민간자본 철도사업인 인천공항철도는 인천공항에서 김포공항까지 40.3km의 1단계 구간을 지난 2007년 3월 개통했다. 그러나 승객탑승률이 당초 수요예측의 7% 정도에 그쳐 운영수입보장협약MRG에 따라 2008년 1천40억 원, 2009년 1천666억 원의 국고가 지원돼 '혈세 먹는 하마'라는 비판을 받아왔다.

　역대 최대 규모의 민간자본 사업으로 출발한 인천공항철도가 이 지경이 된 이유는 수요 예측을 잘못한 것이 결정적인 이유였다. 철도 개통 첫해인 2007년의 경우 하루 평균 이용객이 23만 명에 이를 것으로 예상했지만 1만 3천여 명에 그쳤다. 올 들어서도 예상치의 10%인 2만 5천여 명이 이용했을 뿐이다. 김포공항에서 인천공항까지 40km 길을 달리는 동안 승객이 100명도 채 되지 않는다는 얘기다.

　인천공항철도가 벌어들인 수입은 올해 들어 지난달 말까지 고작 89억여 원으로 웬만한 중소기업의 매출에도 미치지 못했다. 반면 인건비 등 운영 비용은 올해 들어 380억 원을 비롯해 개통 이후 1천4백여 억 원에 이른다. 지불된 이자만 이미 2천억 원을 넘었다. 벌어들인 돈으로 은행 이자는커녕 인건비조차 감당 못하는 악순환이 되풀이 되고 있는 것이다. 따져 보면 100원 벌 때마다 인건비 등 운영비로 420원, 은행 이자로 680원이 빠지고 여기에 정부보조금 1천300원이 들어가는 셈이다.

인천공항철도 문제는 개통 초기부터 지적된 것처럼 오차율이 무려 93%에 이르는 부실 수요 예측의 당연한 결과다. 더욱이 부풀린 예상 수요를 기준으로 정부가 민간 투자사의 적자를 보전해 주기 위해 예상 수익의 90%까지를 보장하기로 했으니 첫 단추부터 잘못 끼운 셈이다. 이로 인해 정부가 30년 동안 부담해야 할 것으로 추정되는 금액은 무려 13조 원에 이른다. 인천공항철도 1단계 공사비인 4조 995억 원의 세 배가 넘는 금액이다.

문제는 또 있다. 내년 10월 김포공항에서 서울역까지 2단계 구간이 개통되면 국민 세금은 지금보다 더 들어간다. 부실 운영으로 인천공항철도에 대한 비난이 쏟아지자 정부는 부랴부랴 현대컨소시엄의 민자 지분 88%를 1조2천58억 원에 코레일에 넘기는 양해각서를 체결한 것이다.

민간자본 사업의 특징은 당장은 나랏돈이 들어가지 않지만 완공 이후 훨씬 더 많은 세금을 투입해야 한다는 사실이다. 국민들은 민간자본을 유치했으므로 나랏돈 들지 않는다고 해놓고 나중에 국민에게 부담을 지우는 경우를 마창대교, 대구~부산 고속도로, 천안~논산 고속도로에서 이미 겪었다.

인천공항철도의 사례는 타당성과 효율성을 무시한 채 정치적 고려나 지역이기주의에 의해 추진되는 민간자본사업의 잘못된 실상을 보여주었다. 인천공항철도의 실패 사례를 계기로 무분별하게 이루어지고 있는 민간자본사업을 전면 재검토해야 한다. 국민의 혈세를 낭비하는 민간자본사업은 더 이상 없어야 한다.

잘못된 민간자본사업에 대한 책임도 함께 물어야 한다. 사업을 기획한 당국자는 물론 수요 예측을 담당한 전문가와 이를 수행한 기관에 책임을 묻지 않고 넘어간다면 제2, 제3의 인천공항철도가 생겨나지 말라는 법이 없다. 2009.10. 3

녹색 공존의 길

생명의 요구에 응답해야

지구온난화와 극지 국가 그린랜드는 관계가 없는 것처럼 보였다. 그러나 과학자들은 북반구에서 최고 크기를 자랑하는 페테르만 빙하가 붕괴를 앞두고 있다고 발표했다. 18㎢ 크기의 페테르만 빙하에 생긴 균열은 길이 11km에 너비 800m에 달한다. 뉴욕 맨해튼 절반 크기의 빙하가 붕괴되기도 했다.

지난 46억 년 동안 지구는 2만 년에 온도가 1℃~2℃ 가량씩 밖에 올라가지 않았다. 그러나 지구 온난화 현상으로 앞으로 100년 뒤에 지구 온도를 5℃나 상승시킬 것으로 예상된다. 이 정도라면 생태계 파괴는 불가피하다. 학자들은 2030년까지 생물의 3분의 1이 멸종하거나 사라진다고 말했다.

지구가 더워질수록 사막화도 빠르게 진행돼 평균보다 20배 쯤 빨라지고 있다. 세계 최대 사막화 지역인 사하라 사막 주변에서 아라비아 반도를 거쳐 중앙아시아로 이어지는 세계 최대 사막화 지역은 갈수록 불모의 땅을 확대하고 있다. 굶주린 사람들이 물과 식량을 찾는 엑소더스가 한창이다. 사막화의 비극은 일단 사막화가 시작되면 복구가 불가능하다는 점이다.

　전문가들은 석유 소비 정점시기Peakoil는 2008년~2015년 사이, 2030년쯤이면 현재의 30%까지 줄 것이라고 예측했다. Peakoil은 죽음의 시간을 부른다. 석유화학산업은 초토화되고 거의 모든 자동차가 멈춘다. 전기 생산은 절반으로 줄고 일자리는 50%가 사라진다. 식량 생산도 절반 이하로 준다.

　세계가 기후변화로 상징되는 환경 위기와 고유가로 대표되는 에너지 위기에 직면했다. 기후변화는 연이은 기상재해와 생태계 교란으로 나타나고 있다. 미국 부통령을 지낸 앨고어는 저서《불편한 진실》에서 빙하의 붕괴로 세계 대도시 40%가 물에 잠기고 네덜란드와 방글라데시 같은 저지대 국가는 지도에서 사라진다고 경고했다. 북극곰, 황제펭귄, 북극고래, 황금두꺼비 등의 대량 멸종도 예고된다. 멸종은 정상적인 속도보다 1천 배나 빠르게 나타난다고 한다. 온난화로 전염병도 창궐한다. AI, SI는 물론 신종 바이러스성 질병도 등장한다.

　이제는 인간이 뿌린 파괴적 발전의 씨앗을 거둬들여야 할 때이다. 이미 세계경제는 기존 패러다임의 변화를 요구하고 있다. 새로운 패러다임은 환경 보전과 경제 성장을 결합한 것이다. 미국과 EU 등 선진 국가는 환경규제를 바탕으로 한 녹색기술 육성과 성장을 추구하고 있다. 이와 같은 상황은 우리에게 위기이자 커다란 도전의 기회이다. 한국은 세계 10대 에너지 소비국으로 에너지의 97%를 해외 수입에 의존하고 있다. 녹색성장이 미래성장 담론으로 등장한 것은 어쩌면 필연이다.

이명박 정부는 2020년까지 ‘녹색기술 및 산업 증진’, ‘기후변화 적응역량 강화’, ‘에너지 자립’, ‘에너지 복지’를 추진해 세계 7대 녹색강국에 진입하겠다는 녹색성장 국가전략을 내놓았다. 내친김에 2050년까지는 세계 5대 녹색강국으로 도약하겠다는 청사진도 내놓았다. 이를 위해 매년 GDP 2% 수준인 107조 원을 투입해 182조 원~206조 원의 생산유발 효과를 올리고 156만 명~181만 명의 일자리를 창출한다는 계획이다.

800조 원에 달하는 부동 자금을 흡수하기 위해 녹색 금융을 활성화하고 자동차 연비 상승(17km/L 이상) 및 온실가스 배출량 제재(140/km 이내)를 통해 오염 요인을 최소화하는 한편 폐자원을 에너지원으로 활용하는 환경에너지타운 14개소와 저탄소 녹색마을 600여 개를 조성할 계획이다.

그 동안 녹색성장은 환경운동가들의 전유물처럼 보였다. 이들은 녹색공존을 주장했다. 그들이 성장논리에 맞선 것은 자연을 살리고 환경을 보호하자는 배부른 자의 여유가 아니었다. 자연은 생명체의 집합이므로 자연의 죽음은 인간의 죽음과 동의어라는 것이 그들의 생각이었다. 그러나 정부의 녹색성장론은 환경 보호론자들의 목표와 상충한다. 환경을 생각하는 사람들이 복원과 공존을 중요한 가치로 삼는데 비해 정부는 녹색성장에 방점을 두고 있는 것이다. 녹색성장론은 환경 보전의 시각보다는 경제 발전 논리에 치우쳐 있다.

녹색성장은 피할 수 없는 과제이다. 그러니 먼저 자연을 우리와 삶을 나누는 공생 공영 공의의 대상으로 바라볼 필요가 있다. 녹색성장은 피할 수 없는 과제이지만, 성장이 모든 것은 아니다. 공존의 시각으로 성장을 모색해야 옳다. 전략적 추진에 앞서 생명의 요구에 응답해야 한다. 2009. 7.16

온실가스 감축이 긴요하다

유엔 기후변화 정상회의가 뉴욕에서 열렸다. 회의에 참석한 상당수의 국가는 온실가스 감축이 필수적이라는데 동의하고 그에 상응하는 노력을 기울여야 한다는 입장을 표명했다. 각국이 처한 경제적 입지 탓에 지구적 차원의 온실가스 감축 합의를 이끌어내기는 사실상 어렵다.

그러나 이번 회의에서 세계 최대 규모의 굴뚝산업 국가 중국은 온실가스 감축을 약속해 주목을 끌었다. 후진타오 중국 국가주석이 구체적 수치를 제시하지는 않았지만 이산화탄소 배출을 현저히 줄이겠다는 뜻을 밝힌 것이다. 인도 역시 종전보다 진전된 자세를 보였고 일본도 2020년까지 1990년 대비 25% 감축을 선언했다. 유럽연합EU은 2005년 대비 2020년까지 최고 29%를 감축하겠다고 밝혔다.

지구온난화 방지를 위해 온실가스 배출량 감축이 피할 수 없는 의무라는 국제적 공감대는 이미 형성되어 있다. 온실가스 감축에 소극적인 입장을 취해왔던 미국조차도 이번 회의 때 버락 오바마 대통령이 "세계가 기후변화에 당장 대응하지 않는다면 돌이킬 수 없는 재앙에 직면하게 될 것이다.” 라고 경고했을 정도다. 지구온난화 문제는 일부 몇 나라의 문제가 아닌 모든 나라가 함께 대처해야 하는 범지구적 문제이다.

한국은 오는 12월에 열리는 제15차 기후변화협약 당사국 총회에서 의무감축국으로 지정될 가능성이 높다. 선진국 클럽인 경제개발협력기구OECD 가입국이자 이산화탄소 배출량 세계 9위(2007년 기준 4억8천만 톤)인 한국이 더 이상 개발도상국의 지위를 유지하며 온실가스 감축의무를 외면하기는 어렵다. 더욱이 이번 회의에서 급성장하고 있는 인도와 중국이 온실가스 감축을 적극 지지하고 나선 상황에서 이에 상응하는 조치가 불가피하다는 분석이다. 이 같은 상황에서 이명박 대통령이 한국이 온실가스 감축 의무가 없는 국가로는 처음으로 2020년까지 중기 목표를 설정하고 해마다 국내총생산의 2%를 녹색기술에 투자한다는 계획을 발표한 것은 적절한 대응으로 보인다.

그러나 우리나라는 이제 시작일 뿐, 가야 할 길이 멀다. 한국의 온실가스 감축 목표는 ‘2005년 대비 8% 증가, 동결, 4% 감축’의 3개 안이다. 각국의 감축 계획에 비하면 크게 뒤진 수치이다. ‘한국은 녹색성장을 강조하면서 돈은 전통 산업에 쏟아 붓고 있다’는 《파이낸셜 타임스》의 지적을 그냥 지나칠 일이 아니다.

우리에게 온실가스 감축은 이제 남들이 걸어가는 길이 아니라 바로 우리가 가야만 하는 길이 되었다. 하지만 그 길을 가기 위해서는 많은 희생과 노력이 필요하다. 국민들은 일상생활에서 불가피하게 일어나게 될 많은 변화를 감수해야 하고 기업은 새롭게 생겨나는 규제를 극복해야 한다. 온실가스 감축에 따른 비용 증가로 기업의 경쟁력이 약화될 것이라는 우려도 크다.

이명박 대통령은 이번 정상회의에서 "녹색성장을 통해 환경·에너지 문제를 해결함으로써 새롭고도 보다 지속가능한 경제 번영의 길이 열릴 것."이라고 강조했다. 정부는 국민과 기업의 우려와 걱정을 정책 차원에서 수렴해 이명박 대통령의 발언이 결코 허언이 아님을 증명해 주기를 바란다. 2009.10. 9

'녹색 소주병'과 녹색성장

맥주는 독일 사람들이 즐겨 마시는 대표적인 술이다. 맥주를 담는 용기는 병이 가장 많다. 맥주병의 재사용 횟수는 평균 45회 ~50회에 달한다. 1천300여 개에 이르는 독일 맥주회사 가운데 가장 규모가 큰 크롬바커는 하루 500만 병 이상의 맥주를 생산하는데 생산된 맥주병의 거의 대부분이 재사용품이다. 특이한 점은 다른 업체의 맥주병도 크롬바커의 공장에서 재사용된다는 점이다. 맥주회사가 달라도 병을 재사용할 수 있는 이유는 맥주병 규격이 동일하기 때문이다.

독일에서 병의 재사용 횟수가 높은 이유는 병 공용화 제도와 함께 보증금 제도가 실시되고 있기 때문이다. 슈퍼마켓 입구에 있는 수거함에 공병을 넣으면 용기보증금이 계산되어 나온다. 독일의 모든 병에는 보증금이 구매 가격에 포함되어 있는데 이를 돌려받는 것이다. 나이 많은 할머니부터 엄마 손을 붙잡고 오는 어린 아이에 이르기까지 수거함에 공병을 넣고 용기보증금을 받아간다.

병공용화 제도와 보증금 제도를 도입하고 소비자가 이를 잘 지키는 것은 만드는 사람과 마시는 사람 모두 그것이 환경을 보호하는 것이라고 생각하기 때문이다. 이 제도가 시행되면서 회수되는 공병이 늘고 재사용이 확대되어 자원을 불필요하게 사용하지 않게 되었다. 병을 만들 때 생기는 이산화탄소의 배출량도 줄이는 효과도 얻었다.

독일 사람들에게 맥주가 있다면 우리에게는 소주가 있다. 우리 민족의 애환을 덜어주고 기쁨을 더해주는 가장 대중적인 술인 소주, 소주병의 재사용 횟수는 얼마나 될까. 우리나라의 병 재사용 횟수는 평균 7회 정도로 독일의 45회에 비해 턱 없이 낮다. 더구나 수거한 공병을 재사용할 때 업체마다 병의 규격이 달라 다른 업체의 병은 따로 모아야 한다. 따로 모으는 병의 비율은 15%를 차지한다. 이 병들은 해당업체에 가져다주는 경우도 있으나 깨뜨려 버리는 경우도 적지 않다. 운반비가 제조원가보다 높은 탓이다.

공병 수거 시스템도 문제다. 아파트 단지와 일반주택가 재활용함에서 마대자루에 담겨 수거된 공병은 인근 지역의 고물상으로 옮겨지는데 내리고 쏟고 분리하는 과정에서 멀쩡한 병들이 부딪치고 깨지는 경우가 적지 않다. 보증금을 돌려받고 가게에 내다 파는 것도 쉽지 않다. 병마다 환불 가격이 명시되어 있는데도 아예 바꿔주지 않는 가게가 허다하다. 책정된 가격이 있는데도 불구하고 제값을 쳐주지 않는 가게도 많다. 정해진 보증금을 환불하지 않으면 과태료를 내야 하지만 제도가 제대로 지켜지지 않고 있는 것이다. 병 하나 사용하는 것에도 자원절약과 환경보호를 생각하는 독일 사람들을 보면 환경선진국이 되는 것이 꼭 거창한 계획만으로 되는 것이 아니라는 생각이 든다.

우리나라에서도 오는 10월부터 공동으로 사용할 수 있는 소주병이 등장한다고 한다. 국내 10개의 소주 생산업체 가운데 7개 업체가 같은 규격의 소주병을 사용하기로 협약을 맺었다. 소주병 공용화로 버려지는 소주병이 줄면 연간 500억 원의 이득을 볼 것으로 업계는 추정했다. 또 서울과 부산을 왕복하는 차량 330만 대가 배출하는 만큼의 이산화탄소 발생량을 줄일 수 있다고 하니 환경보호 차원에서도 좋은 일이다. 병 파쇄 비율이 12%에 이르는 우리나라에 비해 캐나다, 독일, 핀란드 등은 1%~2%에 불과하다고 한다. 이번에 도입되는 소주병 공용화 제도가 환경선진국으로 가는 출발점이 되기를 기대한다. 2009. 9.11

환경 살리는 전기자동차

이명박 대통령은 2010년 10월 8일 경기도 화성 현대 · 기아자동차 기술연구소에서 열린 비상경제대책회의에서 전기자동차 산업 활성화 방안을 공표했다. 전기자동차는 화석연료가 아닌 배터리와 전기모터를 동력으로 이용하기 때문에 배기가스가 전혀 배출되지 않아 세계적으로 친환경 자동차로 각광받고 있다. 글로벌 경쟁력을 갖춘 국내 자동차 산업을 환경을 살리는 녹색산업의 첨단산업으로 육성한다는 계획이다.

지식 경제부 발표에 따르면 2013년 이후로 잡았던 전기자동차 양산 시점을 2011년으로 2년 앞당긴다고 한다. 이에 따라 배터리와 부품을 포함한 관련 산업의 기술 개발을 적극 지원하고 전기자동차 운행에 필요한 관련 법규와 제도, 인프라도 함께 정비한다. 배터리 등 핵심부품 개발에도 550억 원이 투입되는 등 2014년까지 약 4천억 원의 예산이 집중 지원된다.

2011년 하반기부터 공공기관이 전기자동차를 구매할 경우 보조금을 지원해 2013년까지 2천 대 이상을 보급할 예정이다. 일반 소비자가 구매할 경우에는 세제를 고쳐 지원한다는 입장이다. 정부는 이를 통해 2015년 세계 전기자동차 시장의 10%를 점유하고 2020년 국내 소형차의 10%를 전기자동차로 대체해 전기자동차 4대 강국의 지위를 확보한다는 방침이다. 정부가 이처럼 전기자동차 개발에 팔을 걷어붙인 것은 세계적으로 전기자동차 상용화에 속도가 붙고 있기 때문이다. 세계 자동차 산업은 하이브리드카 → 플러그인 하이브리드카 → 전기차 → 수소연료 전지차 순으로 진화할 것으로 전망된다. 친환경 그린카가 자동차 개발의 핵심을 차지하는 것이다.

그동안 국내 자동차 메이커들은 하이브리드카 개발에 집중하면서 전기자동차는 시장 상황을 고려하는 단계였다. 그러나 이미 일본 미쓰비시 자동차가 7월 전기자동차 양산에 들어간 데 이어 미국의 GM과 중국의 BYD자동차도 내년 본격 생산에 들어간다. 한국의 정책 변화는 차세대 자동차 경쟁에서 뒤질 경우 산업기여도 1위인 자동차 산업에 위기가 닥칠 수 있다는 위기의식 때문이다.

현대·기아차는 이미 전기차 모델 'i10 EV'를 프랑크푸르트 모터쇼에서 선보였다. 1회 충전으로 160km를 주행할 수 있고 급속 충전 능력도 우수한 편이라 주목을 받았다. 국내 배터리 제조기술은 선진국에 버금간다. 정부 정책이 실효를 거둔다면 선진국을 압도할 수 있다는 전망도 나온다.

고도의 기술집약적 산업인 미래 그린카 시장에서 우리나라의 완성차 메이커들이 살아남아야 우리의 친환경 국가경쟁력도 높아질 수 있다. 환경변화는 피할 수 없는 국가과제다. 연비, 탄소 배출 규제로 미국과 유럽연합이 새로운 녹색시장 창출을 유도하고 있는 상황에서 더욱 발 빠르게 대처할 필요가 있다. 관련 사업군도 정부의 지원과 제도 정비로 친환경 산업에 동참해야 한다.
2009.10.17

서머타임제 도입의 전제 조건

서머타임제는 우리에게 필요한 것일까. 결론부터 말하면 시기

상조다. 서머타임제란 여름철에 표준시보다 1시간 시계를 앞당겨 일찍 출근하고 일찍 퇴근하는 제도이다. 해가 일찍 떠 일찍 일어나고 일찍 잠들면 전기도 절약하고 햇볕을 오래 쪼여 건강에도 좋다는 것이 실시의 근거이다. 한국에서는 1949년부터 1961년까지 실시하다가 폐지된 뒤 88서울올림픽 개최를 위해 1987년부터 2년 동안 실시한 적이 있다. 그러나 국민적 거부감 탓에 1989년 다시 폐지됐다.

정부가 2009년 서머타임제 도입에 의욕을 보였던 것은 74개국에서 실시하는데다 라이프스타일을 저탄소 녹색성장형으로 바꾸기 위해서였다. 서머타임제를 실시하면 에너지 소비가 줄고 내수경기도 좋아져 일자리도 늘 것이라는 것이 정부의 판단이었다. 가족과의 여가 시간이 늘고 교통사고도 줄어든다는 것이 정부의 예측이었다.

산업자원부는 서머타임제를 4월부터 9월까지 6개월 동안 실시할 경우 총 전력소비의 0.3%를 절감할 수 있고 원유도입가를 기준으로 860억 원을 절약할 수 있다고 밝혔다. 또 에너지경제연구원은 일광시간을 1시간 연장하면 레저 · 여행 · 소매업 같은 서비스업이 활성화돼서 1조3천여 억 원의 생산유발효과가 있고 8천600억 원의 소비유발효과도 있다고 했다. 낮 시간을 이용해 학원에 다니거나 헬스클럽에서 운동도 하고 여행을 하는 사람이 늘면 서비스업이 재미를 보고 따라서 일자리도 늘어난다는 주장이다.

그러나 서머타임제를 시행하면 의외로 문제점이 많다. 우선 국제항공 스케줄과 금융기관과 행정기관의 전산시스템을 조정하는 사회적 비용이 필요하다. 돈으로 계산할 수 없는 생체 리듬의 혼란이 따르고 근무시간이 늘어나는 부작용도 생긴다. 노동계가 반대하는 이유이다. 정시 출퇴근이 제대로 지켜지지 않는 기업 문화를 감안하면 우려가 현실화될 수도 있다.

이웃 중국과 일본이 실시하지 않아 우리만 이를 도입하는 것은 오히려 혼란만 부른다는 지적도 있다. 녹색생활을 보장하고 경제 효과를 높인다는 명분에 비해 부작용이 더 클 수 있다는 주장은 그래서 설득력이 있다. 최근 한 여론조사 결과를 보더라도 국민의 약 46%가 서머타임 도입에 반대하고 찬성은 38%에 불과하다.

정부는 서머타임제가 에너지절약과 경제성장이라는 두 마리 토끼를 잡아줄 효율적 방안이라 보고 서구의 정책을 그대로 벤치마킹하려 하고 있는 셈이다. 그러나 정작 서머타임제가 우리나라에 적합한지에 대한 고민은 제대로 하지 않은 것처럼 보인다. 서머타임제는 여름철 낮의 길이가 우리나라에 비해 긴 유럽에 적합한 제도다. 아무리 제도의 취지가 좋다 하더라도 문화와 풍토에 맞지 않으면 뿌리가 자라지 않는다. 같은 문화권인 일본과 중국이 경제성장을 중요시하면서도 서머타임제를 외면하는 사실을 주목해야 한다.

경제성장도 좋지만 국민의 정서와 문화적 특성도 못지않게 중요하다. 경제 살리기라는 명분만으로 맞지도 않는 옷을 입으라고 강요하면 곤란하다. 2009. 7.27

4대강 살리기의 원칙

4대강 살리기 사업이 2012년 완공을 목표로 순조롭게 진행되고 있다. '한국형 녹색 뉴딜정책'이라 일컬어지는 4대강 살리기 사업은 모두 20조2천억 원 이상이 소요되는 초대형 국책사업이다. 4대강 살리기 사업은 홍수나 가뭄만을 막거나 대비하기 위한 것이 아니라 국민의 식수원인 수질을 관리하고 경기 활성화와 지역발전을 아우르는 다목적 사업이기도 하다.

4대강 살리기 사업은 크게 세 가지로 분류된다. 먼저 수자원 확보와 홍수 예방을 위해 4대강 본류에 물을 저장할 수 있는 여러 개의 보를 설치하는 본사업, 다음으로 섬진강을 포함해 주요 지류 국가하천을 정비하거나 하수처리시설을 확충하는 직접연계 사업, 그리고 국토해양부 농림수산식품부 문화체육관광부 행정안전부 등 부처별로 시행하는 연계사업 등이다.

정부는 3년 동안 홍수 피해를 입을 것을 예상해 연평균 7조 원에 이르는 홍수 피해액과 복구비용을 감안하더라도 투자액을 회수할 수 있다는 입장이다. 뿐만 아니라 4대강에 여러 개의 보를 만들 경우 연간 13억 톤에 달하는 물을 저장할 수 있어 물 부족 사태에도 대비할 수 있다는 것이다. 또 테마공원, 생태습지, 수상 레저시설, 문화예술 공간도 함께 조성해 국민의 삶의 질을 높일 수 있다는 것이다. 특히 정부는 일자리 34만 개가 늘고 40조 원의 생산유발효과가 있을 것으로 기대하고 있다.

4대강 살리기 사업에 대한 정부의 이와 같은 긍정적 기대 효과와는 다르게 사업을 반대하는 시민단체와 일부 학계 인사들의 우려의 목소리도 만만치 않다. 우선 4대강 살리기 사업의 성패를 가르는 핵심 요인인 수질 관리와 관련, 환경단체와 학계는 동시다발적으로 강바닥 준설이 이루어질 경우 오 · 탁수 발생이 불가피해 수질 악화를 막기 어렵다고 경고했다.

홍수 피해를 예방할 수 있다는 정부의 설명에 대해서도 홍수 피해가 많은 하천은 대부분 중소도시에 위치한 지방하천이므로 4대강 살리기 사업과 연관이 없는 지역이라는 지적도 있었다. 또 물을 가두는 보의 설치는 4대강 살리기 사업이 결국 국토 대운하 계획의 전 단계라는 의혹을 떨치기 어렵다는 주장도 제기됐다. 재원 조달도 문제점으로 지적됐다. 총 사업비는 20조2천 억 원이지만 실제 비용은 30조 원을 초과할 것이라는 관측도 있었다.

4대강 살리기 사업을 둘러싼 이 같은 논란과 관련해 감사원이 4대강 살리기 사업에 대해 감사를 하겠다고 발표한 것은 문제점을 확인하고 개선 방안을 제시할 수 있다는 측면에서 바람직하다. 감사원은 수자원과 환경, 국토계획 등 관련 분야 전문 인력 25명 내외로 구성된 대형 사회간접자본 사업 점검 · 감사단 을 조직하여 현장 점검과 모니터링을 진행하고 예비조사도 실시했다. 홍수 예방과 생태환경 조성 등 사업 목적은 타당한지, 중복투자나 예산 낭비 등 경제적 문제점은 없는지를 점검했다.

4대강 살리기 사업은 국토를 변화시키는 국가적 사업이다. 엄청난 예산 때문에 국민의 부담과도 연계된 사업이다. 준공 이후의 환경 변화도 주민의 생활과 밀접한 관계를 갖는다. 생태계 보호도 우리의 몫이다. 정부는 완공 이후 예상되는 문제에 대한 대비책을 미리 세울 필요가 있다. 4대강 살리기는 공사 이전보다 완공 이후가 더 중요할 수 있다. 서두르는 감이 없지는 않으나 자문단을 구성해 완공 이후의 상황을 연구 검토하는 작업을 시작해야한다. 2009. 8.29

제3장 공영의 길
- 소통과 참여의 생활정치로

대립과 분열의 정치를 넘어

소통은 첫 번째 정치 덕목

국정철학을 정치 현실에서 구현하는 수단으로서의 리더십은 대통령과 국민을 잇는 가교이다. 우리나라 역대 대통령의 리더십의 핵심은 권위주의였다. 권력편중으로 상징되는 대통령 중심제라는 태생적인 한계가 그 원인이었다.

이명박 정부는 김대중·노무현 전 대통령 집권 기간 '잃어버린 10년'을 되찾는다는 약속을 앞세워 집권에 성공했다. 특유의 불도저식 밀어붙이기는 이명박 정부의 대명사이자 셀링 포인트였다. 대통령은 집권 중반 친서민 중도실용 정책을 통치 카드로 선택했다. '잃어버린 10년' 동안 왼쪽으로 기울었던 이념 편향을 소통을 통해 중도로 바로 잡아 서민이 행복한 나라를 건설하겠다는 것이 중도정책의 핵심이었다. 2009년 6월 발표한 '취업 후 상환

학자금 대출 제도’, ‘서민용 보금자리주택 건설’, ‘무담보 소액
신용대출제도인 미소금융 설립’, ‘사교육 대책 마련’은 중도정
책을 담보하는 후속 조치라고 할 수 있다.

이명박 대통령은 재래시장을 직접 방문하는 등 3, 4개월 동안
서민을 끌어안는 개인적인 액션 플랜으로 ‘중도 총공세’를 펼쳤
다. 정부와 여당이 2009년 4월의 재보선 패배를 만회하는 정치 역
량을 보여주었다는 평가도 대통령이 선택한 중도정책의 후광 탓
이라는 해석도 있다.

문제는 친서민 중도실용 카드를 국민소통의 수단으로 일관되
게 활용하지 못한 점이다. 지지율이 치솟으며 국민의 지지를 얻
었다는 확신을 이명박 대통령과 정부 여당 일각에서 갖는 순간
또 다시 이명박 정부의 밀어붙이기식 강행정치가 시작됐기 때문
이다. 2009년 10월 이후 이명박 정부는 ‘세종시 수정안 발표’, ‘4
대강 사업 추진 강행’, ‘철도노조 파업 강력 대처’ 등 각종 현안
에 대해 강경 입장으로 선회했다. 여당 내에서는 친이계를 중심
으로 이명박 대통령의 소신정치를 끝까지 관철시키려는 충성스
러운 ‘투사’들도 등장했다. 포기할 줄 모르는 ‘건설사 CEO 대통
령’의 ‘돌격 앞으로’ 정치가 재개되었다는 우스개가 정치권과 언
론에 회자되었다.

한나라당 내에서 이에 대한 반발이 적지 않았던 것은 어쩌면
당연한 결과였다. 이완구 충남도지사는 세종시 수정 추진에 반발

해 도지사직을 사퇴하기까지 했다. 야당과 시민단체는 리더십과 소통 부족을 문제 삼았다. 그럼에도 불구하고 이명박 대통령은 "당장은 불이익이 되고 욕을 먹더라도 국가 백년대계를 위해 잘못된 것은 바로잡아야 한다."며 꿈쩍도 하지 않았다.

　정치인에게 정치철학은 생명줄과 같은 것이다. 특히 대통령의 통치이념은 자신이 읽은 시대정신의 핵이기도 하다. 대통령은 국민의 지지로 대선에서 승리한 뒤 "국민의 뜻을 받들겠다."고 선언한다. 정책을 추진해 가는 과정에서 벽에 부딪치면 "여론에 연연하지 않겠다."고 말하기 시작한다. 그리고 국민과의 대화나 정치적 반대 세력과의 협상은 자취를 감춘다. 그리고 마지막으로 말한다. "역사가 이 선택을 바로 평가할 것이다." 이것이 소통을 외면한 지도자가 걷는 길이다.

　역사의 평가에 귀의하는 도피형 귀소본능은 '역사적 소통론'에 불과하다. 그러나 역사는 퇴임한 대통령과는 소통하지 않는다. 냉혹하게 평가할 뿐이다. 역사가 하는 일은 그런 것이다. 소통을 역사에 의뢰하는 것은 통치의 포기이거나 잘못된 정책 방향을 호도하는 것일 수 있다.

　이명박 대통령은 경제발전과 선진화에 공로가 큰 대통령으로 평가받고 있다. 경제를 국정철학의 화두로 삼아 국가와 경제를 동일선상에 놓고 경제제일주의 정책을 통치의 핵심으로 삼았기 때문일 것이다. 그러나 귀를 크게 열고 있지 않았다는 점에서는 주변의 적들에 갇혀 있던 다른 대통령들과 비슷하다. 2009년부터 논란을 불러일으킨 세종시 수정안은 물론 4대강 사업을 둘러싼 갈등, 남북관계의 경색 등도 따지고 보면 귀가 열려 있지 않은 탓이 크다. 2011년 새해 들어 발생한 정동기 감사원장 후보자의 낙마도 이명박 대통령의 인사 소신이 여당 내부에서조차 소통되지 않아 발생한 불상사였다.

이러한 일련의 사태는 성공한 대통령의 덕목은 소통이라는 점을 이명박 대통령에게 일깨워주었을것이다. 정부의 최고 책임자로서 미래를 바라보는 비전과 이를 실현하려는 의지만큼 훌륭한 것은 없을 것이다. 그러나 국민과 정치적 반대파와의 진심어린 소통을 회복하지 못한다면 소신정치는 빛이 바래기 마련이다.

포용정치는 열린 자세를 전제로 한다. 함께 가는 정치는 화합의 열차를 타는 것이다. 상생의 정치는 대립과 갈등에서 벗어나는 지름길이기도 하다. 집권 말기 대통령의 정치적 승리는 대화와 소통의 성공 여부에 달려 있다. 2011. 1.20

외신 '야유' 받은 난장판 의회

지난 2010년에 미국 월스트리트저널WSJ은 '올해의 사진'으로 대한민국 국회의 폭력 장면을 선정했다. 지구촌을 충격과 경악으로 몰아넣은 수많은 뉴스 가운데 하필이면 대한민국 국회인가. 1만2천여 명이 사망한 신종 플루 유행, 33명의 매몰광부가 69일 만에 살아 돌아온 칠레 광산 사고, 세계경제 질서를 양분한 중국의 급부상 등, 2010년은 이처럼 세계적 뉴스의 홍수였다. 두 동강 난 천안함 침몰사건은 국내문제를 뛰어넘은 세계적 이슈였다. 그토록 많은 핫이슈 가운데 WSJ이 한국을 선택한 밑바닥에는 비폭력으로 상징되는 민주주의가 폭력으로 사라지고 있다는 전제가 깔려 있다. 한국의 국회에는 폭력정치가 일상화하고 있다는 '야유' 마저 숨겨져 있었다.

'세습' 되는 폭력정치의 일상화는 부끄러운 우리 국회의 자화상이다. 2008년 한미 FTA 비준 동의안 상정 과정에서는 의사봉 대신 쇠망치가 등장했다. 몇몇 야당의원들은 쇠망치로 출입문을 부수고 한나라당 의원들의 명패를 집어던져 공용물건 손상 혐의로 벌금형을 받았다. 2009 미디어법 통과를 둘러싼 충돌 과정에서는 강기갑 민주노동당 의원의 유명한 '공중부양' 사건이 발생했다.

WSJ이 선정한 사진은 2010년 12월 8일 한나라당이 예산안을 기습 통과시키는 과정에서 발생한 폭력사태의 한 장면이었다. 민의의 전당에서 벌어진 폭력사태는 60여 명이 부상 또는 피해를 입은 대형 사고였다. 의원들은 물론 보좌진들도 갈비뼈 골절, 목뼈 골절, 뇌진탕, 코뼈 골절 등 유혈이 낭자했다.

2010년 한 해는 세종시 수정안 문제로 국론이 분열한데다 천안함 폭침과 연평도 포격 도발까지 안보위기를 둘러싸고 여야가 첨

예하게 맞선 분열과 대립의 한 해였다. 10월에는 집회 및 시위에 관한 법률 개정안을 기습 상정하는 과정에서 몸싸움이 발생하는 등 갈등은 심화되었다. 이후에도 유통법과 SSM법 등으로 대립은 격화되었고 1년 간의 마찰은 끝내 폭력국회로 한 해를 마감하는 불상사로 이어지는 등 대한민국 국회는 상시 전쟁터였던 셈이다.

국회는 민주주의 체제에서 법률을 결정하고 국정운영에 필요한 1년 예산을 정하도록 위임받은 헌법기구이다. 국회의원은 국민이 뽑은 민의의 대표주자이다. 그래서 국민을 위한 정치를 민주적 절차를 통해 반영해야 할 의무를 지닌다. 민주적 절차의 대전제는 비폭력이다. 비폭력의 기본 전제는 타협과 양보 그리고 협상이다. 양보와 타협을 통해 민의는 수렴되고 협상을 통해 민의의 최대공약수는 도출된다. 최대공약수는 민주 절차의 최종수단인 표결로 이루어진다. 이것이 국회에서 폭력이 허용되어서는 안 되는 이유이다.

서양에서는 이미 100년 전 폭력정치가 사라졌다. 그런데도 한국 정치의 현장에서는 아직도 민주적 절차가 물리적 힘으로 대체되고 있는 까닭은 무엇인가. 가장 큰 이유는 국회의원들이 독립된 헌법기관의 소임을 다 하지 못하고 있기 때문이다. 소신의 정치가 아니라 당론의 정치에 매몰된 탓이다. 소신은 자신을 뽑아준 유권자에 대한 책무에서 출발해야 한다. 그럼에도 불구하고 대부분의 의원들은 당리당략의 유혹에 빠져 당파적 이해관계로 신념을 방기했다. 소신이 아니라 이해관계에 정치의 방점을 둘 경우 대립과 갈등은 필연적이다. 이것이 한국정치의 성숙을 훼방하는 요인이다.

외신의 '야유'를 받은 폭력국회의 예산안 강행통과로 국회는 국민의 신뢰를 저버렸다. 여당 한나라당이 2002년 이후 7년 동안 한 해도 빠지지 않고 예산안 통과의 법정 시한을 지키지 못한 심의 관행을 바로잡으려 했던 것은 사실이다. 그러나 시한을 지키기 위해 국민의 기대와 신뢰를 잃는 잘못된 정치를 펼쳤다는 비판으로부터 자유로울 수도 없다. 민주주의는 절차주의이다. 한나라당은 이를 소홀히 했다.

야당이 피해자라고 강변하는 것은 더욱 염치없는 일이다. 2008년 미국 리먼 브러더스 사태 이후 금융위기를 성공적으로 극복하고 경제대국의 발판을 마련하려는 시점에서 경제발전과 분배정의의 실현이라는 이중과제를 달성하기 위해 어떤 실효적 조치도 정부 여당과 조율해내지 못한 야당이 아닌가.

폭력 국회의 피해자는 국민이다. 상대방만 탓하고 폭력에 의존하는 헌정, 다수의 힘에 의존하는 수준 낮은 정치는 국민에게 정치에 대한 실망감을 높여줄 뿐이다. 여야는 국회 내에서 폭력을 없애기 위해 힘을 모으겠다고 합의하긴 했다. 합의 이행은 폭력정치의 구태를 벗고 민주적 절차를 헌정 질서의 축으로 정립하는데서 출발해야 한다.

폭력사태에 대한 엄중한 법적 처리를 현실화하는 것도 실천과제이다. 소수 야당의 요구를 수렴하는 포용의 정치, 다수결에 폭력으로 맞서서는 안된다는 민주주의 원칙을 실현하는 제도 보완방안도 마련해야 한다. 이것이 대립과 분열의 정치를 넘어서는 지름길이다. 국민의 대의기관이 외신의 '야유'나 받아서야 국가의 체면이 말이 아니지 않은가. 2011. 1.15

국회로 공 던진 헌법재판소

헌법재판소는 2009년 10월 29일 신문법과 방송법에 대해 '국회 표결 과정에서 야당의원들의 심의 표결 권한이 침해됐지만 가결 선포된 법안은 유효하다'는 묘한 결정을 내렸다. 미디어법 표결 과정에서 절차상 문제가 있다고 판단한 재판관은 9명 중 신문법은 7명, 방송법은 6명으로 과반수를 넘었다. 가결선포 행위에 대한 무효 확인 청구는 결정에 대한 정족수 미달로 기각했다. 이에 따라 미디어법 가결 선포의 효력이 무효가 되려면 무효 의견이 과반수를 다시 넘겨야 한다.

그러나 법의 효력에 대한 의견은 세 갈래로 나뉘었다. 재판관 3명은 절차상 하자가 가결된 법안을 취소하거나 무효로 할 정도로 중대하지 않아 '유효'하다는 판단을 내렸다. 다른 3명은 현재가 가결 선포의 유·무효를 따질 수 없고 국회가 자율적으로 해결해야 한다는 의견을 내놓았다. 나머지 3명은 절차상 중대한 하자가 발생하였으므로 법안 가결은 무효라는 의견을 냈다. 절차의 하자에 대한 판단은 헌재가 하되 미디어법에 대한 법적 효력은 헌재가 판단할 문제가 아니라고 해석할 수 있는 대목이다. 헌재가 법안 처리의 위법성을 인정하면서도 가결된 법안의 효력 자체를 제대로 평가하지 못했다고 해석할 수 있는 결정을 내림에 따라 미디어법을 둘러싼 논란의 확산은 불가피해졌다.

민주당은 무효 의견과 국회가 자율적으로 해결해야 한다는 헌재의 입장을 수용해 "절차상의 위법을 국회의 자율적인 의사결정에 의해 해소하자."며 논쟁에 불을 지폈다. 민주당 대표는 확대간부회의에서 "국회에서 재논의를 통해 절차상 위법이 해소되지 않으면 미디어법은 집행될 수 없다는 게 상식이자 국민정서."라며 "모든 방법을 동원해 언론악법 재개정에 나설 것."이라고 말했다. 민주당은 '무효 언론악법 폐지 투쟁위원회'를 결성하고 개정안을 제출한 뒤 원내대표 협상을 제의했고 필요하면 원외투쟁도 불사하겠다고 밝혔다. 미디어법 문제를 4대강 사업 국정조사 등 내년도 예산안 심의와 연계하겠다고 압박하기도 했다.

반면 한나라당은 사실상 미디어법 관련 논란은 끝이 났다는 입장을 취했다. 원내대표는 주요당직자회의에서 "이제는 소모적인 논란에 종지부를 찍고 미디어 산업 발전을 위해 전진해야 한다."면서 "민주당이 어떤 요구를 하더라도 재논의는 하지 않을 것."이라고 말했다. 오히려 법 시행을 위해 시행령 마련과 종합편성 채널 사업자 선정 등 후속대책 마련에 속도를 냈다.

언론도 두 쪽으로 갈라졌다. 한 쪽은 헌재가 절차의 위법성을 확정하고도 국회에서 알아서 하라며 사법의 책무를 포기했다고 보도했고 다른 한 쪽은 OCED 국가 중 유일했던 신문·방송 경영 금지가 풀린 것을 환영하며 미디어산업 발전에 힘을 쏟아야 한다고 보도했다.

헌재의 묘한 결정을 빗댄 패러디도 봇물을 이루었다. 언론단체와 학계도 찬반양론으로 갈렸다. 미디어법을 둘러싼 국론 분열 양상으로 치달은 것이다. 헌재가 정치적으로 예민한 사건에 대해 애매모호한 판단을 내린 것이 옳은 것인가에 대한 논란도 일었다. 야당에는 명분을, 여당엔 실리를 선물했다는 인상을 지울 수 없었기 때문이다.

헌법재판소는 헌법적, 정치적 분쟁 사항이 정치적으로 해결되지 않을 때 이를 최종적으로 해결하기 위해 세워진 기관이다. 그럼에도 불구하고 헌재가 투명한 정치적 판단과 결정을 하지 못한 결과를 어떻게 해석해야 할 것인가. 2009.11. 5

'공정 사회'

실천이 담보되지 않는 국정철학은 국정운용에 피로를 쌓이게 한다. 국정철학이 사회의 모든 분야에 걸쳐 변화와 개혁을 전제하는 경우라면 저항도 만만치 않을뿐더러 물리적 시간 제약도 따르기 마련이다. 이명박 대통령은 얼마 전 장차관 워크숍에서 '공정한 사회'를 집권 후반기 국정철학의 지표로 제시했다. 이명박 대통령은 책임 있는 인물들의 자기반성을 촉구하고 "국정을 운영하면서 일 하나하나가 공정한 사회라는 기준에 맞는지, 맞지 않는지 스스로 냉철하게 생각하고 살펴야 한다."고 말했다.

대통령이 나서서 언급할 정도로 이명박 정부는 그동안 '공정한 사회'라는 기준에 견줘 자기성찰과 실천이 미흡했었다고 보아야 한다. 출범 초기부터 부자감세 논란을 일으키더니 종합부동산세, 소득세, 법인세를 완화해 부자와 대기업의 세금 부담을 크게 줄였다. 또 4대강 사업을 강행하면서 복지 예산을 삭감하는 바람에 야당의 반발을 사기도 했다.

이런 와중에 이명박 대통령이 '공정한 사회'를 국정과제로 제시한 것은 시의적절했다. 정부가 그동안 추진했던 정책들을 '공정한 사회'라는 기준에서 살펴 국민이 이해하고 받아들일 수 있는 범위에서 운용할 것을 촉구한 것이기 때문이었다. 특히 소득 격차를 줄이고 고용 문제를 해결하기 위해 '공정한 사회'라는 원칙이 국정운영의 지표가 되어야 한다는 대통령의 발언은 국민의 기대를 모았다.

그러나 이명박 대통령의 판단은 옳지만 그 실천은 어렵다. 우선 '공정한 사회'를 이루기 위해 절차와 과정을 중요시하는 모습을 끝까지 보여주어야 하기 때문이다. 여론을 폭넓게 수렴하려는 노력도 필요하다. 지도층 인사들이 흠이 없도록 엄정한 윤리기준의 도입도 필요하다. 비리와 반칙을 배격하고 청렴을 주요 덕목으로 삼는 인물이 국민 앞에 설 수 있어야 하기 때문이다. 지도층 인사들의 비리를 묵과하거나 방관하고서는 공정한 사회의 문턱조차 넘기 어려운 것이다. 또 균등한 교육기회를 보장하거나 부익부 빈익빈의 사회양극화를 해소하고 사회적 약자들이 자신의 노력으로 신분 상승을 꾀할 수 있는 기반 마련도 긴요하다. 그러나 '공정한 사회'의 구체적 모습은 아직 확인되지 않고 있다. 현실은 그렇게 뜻대로 돌아가지 않는 것이다. 안타까운 일이 아닐 수 없다.

공정성은 모두가 지켜야 하는 원칙이다. '공정한 사회'는 여전히 우리나라가 명실상부한 선진국으로 진입하기 위해 기득권의 저항을 극복하고 추진해야 할 주요 과제이다. 실패를 거울삼아 공정한 사회의 원칙과 기준, 이를 실현하기 위한 방법과 절차를 되살릴 필요가 있다. 이제라도 공정 사회를 위한 기준과 실천방안을 더 구체적으로 치밀하게 마련해야 한다. 그 과정에서 각계각층의 의견과 여론을 수렴하여 모두가 공감할 수 있는 결과를 도출해야 한다.

국민이 국가에 요구하는 것은 누구나 공평한 기회를 부여받고, 법과 원칙이라는 보편적 기준이 모든 분야에서 적용되어야 한다는 것이다. 비리와 야합, 부정부패가 자랄 수 있는 공간을 남겨둔다면 선진화는 이룰 수 없는 목표일 뿐이다. 중요한 것은 '공정한 사회' 구현을 위한 각계 지도층의 솔선수범이다. 2010. 9. 8

말 한마디로 천 냥 빚 갚는다는데…

정치는 언어이다. 언어는 판단의 결과물이며 판단은 인식의 소산이다. 정치인에게 언어는 사회를 변화시키는 힘이자 소통의 신호이다. 성숙한 민주주의는 언어 구사의 성숙에서 출발한다고 해도 과언이 아니다. 한국의 정치 지형은 정치적 민주화 이후 성숙한 민주주의 실현을 위해 외연을 확대하고 있다. 그렇다면 한국 정치인의 언어도 그만큼 성숙했는가. 아니다. 여론 주도층이 쏟아내는 막말은 전혀 개선될 기미조차 없다.

'말 한마디로 천 냥 빚을 갚는다'고 했다. 정치인의 언어는 공인의 약속이자 선언이다. 안타깝게도 여야 가릴 것 없이 정치권은 책임 있는 정치인의 잘못된 언어 탓에 정치적 동력을 잃는 경우가 적지 않았다. 대통령의 정치철학이 아무리 훌륭하더라도 이를 운용하는 핵심 인사들의 의식이 따르지 않는다면 성과를 담보하기 어렵다.

성숙한 민주주의란 무엇인가. 다양한 이해관계자들이 이해와 배려를 바탕으로 합의된 정치적 결정을 내려 국가를 전진시키는 것이다. 따라서 성숙한 민주주의는 상대에 대한 이해와 배려가 필요조건이다. 그리고 언어는 소통의 수단이자 진정성을 담는 그릇이다. 소통 없는 정치발전은 없다.

정치인의 언어의 중요성을 인식한 이명박 대통령은 측근들에게 소통의 필요성을 강조했다. 세종시 수정안과 4대강 사업이 반대에 부딪쳤을 때, 이 대통령은 "반대하는 사람들에게 설명해봐야 소용없다고 생각해서는 안 된다."라며 "생각을 바꾸든 안 바꾸든 정치적 반대자라도 찾아가서 성실하게 설명하고 진실을 알려야 할 책임이 있다."고 강조했다. 먼저 나서서 소통하라는 지시였다.

정부와 한나라당은 대통령의 당부를 깊이 새겨야 한다. 국민과 대화하려면 먼저 국민과 소통할 수 있는 정신적 여유와 배려하는 마음을 가져야 한다. 상대를 척결의 대상으로 여기는 인식은 소통을 스스로 부인하는 것이다. 오로지 승리만을 추구하는 시점에서부터 민주주의는 추락해 가기 마련이다.

선진 국가 건설을 위한 소신정치를 제대로 하기 위해서는 먼저 정치권 핵심인사들의 정신 자세가 변해야 한다. 열린 눈으로 세상을 보고, 열린 귀로 비판을 경청하고, 열린 입으로 진심을 털어놓으며, 열린 가슴과 팔로 상대를 품어 안을 수 있는 것이 소통이다. 청와대가 앞장서야 한다. 변화는 거기서 시동한다. 2010. 3.29

청와대 공보담당관제의 발상과 폐기

2009년 11월, 청와대는 국정 현안에 대해 '책임감 있고 완결성 있는 취재 서비스'를 제공하기 위해 2개 기획관실과 31개 비서관실에 각각 1명씩, 총 33명의 공보담당을 지정했다. 고참 행정관들인 공보담당들은 11월 4일 첫 업무회의를 열고 공보 담당제를 사실상 시행했었다. 취지는 분명했지만 언론의 속성상 일방적인 정보 전달체계는 국민의 알 권리를 제약하는 행위로 이해될 상황이었다.

예견했던 대로 언론은 사실상 취재 제한 또는 통제를 반대하고 나섰다. 청와대가 알리고 싶은 것만 언론과 국민에게 알리겠다는 일방통행식 행태는 국민의 알 권리를 제약하고 정부감시 기능을 약화시키는 행위로 이해되었다. 특히 공보담당관제는 청와대에서 시범실시 이후 정부 각 부처로 확대될 가능성도 높아 반발의 수위는 더욱 높아졌다.

공보담당관제가 도입된 배경도 논란의 대상이었다. 언론은 이명박 대통령의 사돈 기업인 효성그룹 비자금 의혹, 청와대 직원들의 잇따른 추문 사건, 세종시 등 주요 현안을 둘러싼 청와대 내부 분위기가 공개되면서 '공보담당' 아이디어가 개발된 것으로 추측했다. 노무현 정부도 언론의 대정부 비판이 거세지자 취재선진화와 브리핑 일원화를 추진했는데 이와 유사한 사례로 지적되기도 했다.

노무현 정부나 이명박 정부가 비슷한 방식으로 시도했던 '언론통제'는 중요한 교훈을 남겼다. 청와대는 어떤 경우, 어떤 방식으로도 다양한 매체의 다양한 보도 자유를 훼손해서는 안 된다. 언론이 독자 또는 시청자의 정보 욕구와 알 권리를 충족시키기 위해 과잉 취재 경쟁을 벌이는 과정에서 오보 등 부작용이 발생하더라도 정부는 이를 대변인 발표 등으로 바로잡는 것이 바른 길이다. 국민의 알 권리와 정보 선택권을 지켜줄 책임이 대통령에게 있는 것이다.

청와대는 '정확한 보도'라는 명분을 추구했었다. 그러나 정작 '정확한 보도'는 국민과 언론의 시각에서 알고 싶고 알아야 할 정보에 대한 정확한 보도이지 정보공급자 입장의 보도는 아닐 것이다. 만약 공보담당제가 시행되었더라도 향후 역사는 이명박 정부가 언론을 활용하여 국민을 호도하려했다는 비판과 편안한 거짓말을 조장했다는 평가를 내릴 것이다.

공보 담당제의 발상과 폐기의 시말은 이명박 정부가 더욱 낮은 자세로 국민을 섬기고 진실한 정책 추진과 협의과정을 거쳐 정책 목표를 실현할 것을 촉구하는 계기가 되었다는 점에서 기억돼야 한다. 2009.11.25

공직선발, 개방형으로 전환하면…

행정안전부가 2010년 8월 12일 행정고시 명칭 폐지와 5급 민간 전문가 공채 도입 등을 골자로 한 공무원 채용 제도 선진화 방안을 시행한다는 계획을 발표했다. 이에 따라 당장 2015년까지 5급 채용자의 절반을 민간 전문가로 충원하게 된다. 이 제도는 자격증과 학위를 소지한 해당분야 경력자를 서류심사와 면접만으로 채용하는 새로운 임용제도이다. 1949년 행정, 기술, 사법과를 포함한 고등고시가 시작되고 1963년 행정고시도 추가 실시 된지 61

넌 만에 공직인선 방식을 대폭 개혁하는 셈이다.

그동안 행정고시 제도는 행시출신이 고위공직의 70% 이상을 독차지하다시피 하고 연공서열 중심의 철밥통 공직문화를 조장했다는 비판을 받아온 것이 사실이다. 시험 한 번으로 평생을 보장받는 행정고시는 그동안 한국이 선진국으로 도약하는데 걸림돌이라는 비판에서 자유롭지 못했다.

행정고시를 공채 방식으로 전환하여 외부전문가들에게 개방한다는 방침은 일단 각계로부터 긍정적인 평가를 받았다. 공직사회에 무한경쟁을 불러일으키고 전문 지식과 경험을 쌓은 인재들에게 임용의 기회를 부여함으로써 공직자의 역량 향상이 기대된다는 것이 이유이다. 정부가 "경직된 공직사회를 유연하게 바꾸고 다양한 인재풀을 활용하는 계기가 될 것."이라고 강조할 만한 일이다.

그러나 갑작스레 발표된 개방형 공직 선발제도에 대한 우려의 목소리도 없지 않았다. 먼저 행정부공무원노동조합은 신규채용의 일정 비율을 민간전문가로 충원하여 고시제도를 개선한다는 것은 고시제도를 변형된 형태로나마 유지, 존속시키려는 의도로 받아들일 수밖에 없다고 반발했다. 이미 행정고시 기수가 연공서열화된 공직사회 관행이 쉽게 타파되지 않을 것이라는 점 때문이었다.

2010년 8월 현재 5급 신규 임용자 가운데 비고시출신 내부 승진자는 고시출신의 3배에 이르지만 홀대받고 있는 것이 현실이다. 외부전문가에게 공직을 개방하더라도 이들이 고위공무원단으로 편입될 수 있는 길목은 비좁기 그지없다. 관행을 깨고 비고시 출신 내부 승진자에게도 기회를 제공하는 인사시스템 혁신이 필요하고 국가경쟁력이 될 수 있는 제도의 정비가 요구된다.

고시 준비생들과 네티즌들도 갑작스런 변화에 당혹감을 감추지 못한다. 이들의 불만은 정부의 방안이 공론화 과정을 거치지 않았다는 사실에 연유한다. 선발 과정이 충분히 공론화되지 않은 상태에서 제도를 개혁하는 것은 졸속행정이라는 것이다. 외부전문가에게 50%를 개방하는 것은 높은 스펙이나 학벌을 갖춘 기득권층의 사회진출을 돕는 결과만 가져온다는 지적도 만만치 않다.

정치적 논리가 개입되어 공직세습의 수단으로 활용될 수 있다는 우려도 있다. 유명환 전 외교통상부 장관의 딸 특별채용 사건이 좋은 예이다. 유 전 장관의 경우 현대판 음서제蔭敍制라는 비판이 일었던 것은 개방형 공직선발제도가 빠질 수 있는 함정이라 할 것이다.

공무원노조와 시험 준비생들의 우려와 반발에도 불구하고 이 제도가 다양하게 변화를 거듭하고 있는 행정수요를 충족시킬 수 있는 방안이라는 점에는 이의를 제기할 사람은 많지 않을 것이다. 또 전문가의 영입으로 국가경쟁력을 높일 수도 있다. 그러나

이 제도를 뿌리내리게 하기 위해서는 고려해야 할 점이 없는 것이 아니다. 우선 선발과정에서 외부 심사를 강화하는 보완책이 필요하다. 내부의 절차만을 고집할 경우 선발의 공정성이 훼손될 가능성이 높기 때문이다. 스펙 못지않게 인성과 도덕성의 비중을 높이는 것도 방법 가운데 하나이다. 선발 과정을 투명하게 공개하는 것도 필요할 것이다. 스펙의 경우 외국대학의 학위 따위도 선발조건이 될 수 있지만 그에 못지않게 공익과 봉사와 관련된 경력을 고려하는 것도 중요하다. 2010. 8.16

대통령의 노블레스 오블리주

이명박 대통령이 대선에서 약속한 '전 재산 기부 공약'의 실천 방안이 발표됐다. 이 대통령은 지난 2007년 12월 7일 대선 방송 연설에서 "우리 내외가 살아갈 집 한 칸이면 족하다. 그 밖에 가진 재산 전부를 대통령 당락과 관계없이 내놓겠다."는 국민과의 약속을 1년 7개월 만에 지켰다. 이대통령의 논현동 자택을 제외한 재산 331억여 원은 재단법인을 설립해 청소년 장학 사업에 쓰기로 결정됐다.

이 대통령은 기부 발언을 통해 "일생 열심히 일하면서 모은 저의 재산은 정말 소중한 것이기 때문에 오래 전부터 사회를 위해 쓰였으면 좋겠다는 생각은 해왔다."고 말했다. 그는 국회의원 시절이던 1995년 발간한 자서전《신화는 없다》에서도 재산을 자식들에게 물려주지 않겠다고 밝혔다.

청와대는 세계 정치사에서 최고 지도자가 재임 중에 재산 대부분을 사회에 기부한 것은 유례없는 일이라며 이대통령의 재산기부가 재임 중 '업적'의 하나인 것처럼 홍보했다. 그러나 이번 기부는 대선 공약을 이행한 것이다. 다시 말해 공약으로서의 정치적 의무를 이행한 것이지 노블레스 오블리주의 실천으로 볼 일이 아니라는 것이다.

재산 기부는 대통령 임기 중 대선 공약을 이행해 국민과의 약속을 지켰다는 점에서 정치인으로서 환영받을 일이었다. 따라서 이 대통령은 이번 공약 이행을 계기로 또 다른 대선 공약들을 실천해야 한다. 그것이 이번 기부 발표가 진정성을 담보 받을 수 있는 길이자 정치적 선전을 노린 행위가 아니라는 것을 국민들에게 납득시키는 길이다.

기부 발표가 시기적으로 적절치 못했다는 일부 언론과 야당의 '트집'이 없었던 것은 아니다. 기부 발표가 정부가 처한 난국을 돌파하기 위한 전략이라면 비판을 받아야 마땅하다. 그러나 시기 문제로 대통령의 재산기부의 문제점을 제기한 것은 적절치 않다. 이 대통령의 전 재산 기부를 반드시 대선공약의 실천이라는 측면에서만 보아야 하느냐는 지적이 없는 것은 아니다. 고위층의 도덕적 의무인 노블레스 오블리주라는 시각에서 보아야 한다는 주장이다. 특히 최고 지도자인 대통령의 솔선수범은 그것이 비록 공약 이행이라 할지라도 사회적 모범사례가 된다는 것이다. 자신의 전 재산을 사회에 기부한 경우는 한국뿐 아니라 전 세계에서도 찾아보긴 어렵다는 면에서 더욱 그렇다.

역대 대통령 가운데 공약 이행이라는 정치적 의무를 성실히 이행한 인물을 찾기는 쉽지 않다. 그보다는 정파적 국정운영과 인기 위주의 정치로 국민과의 약속을 저버린 경우가 적지 않았다. 그런 측면에서 이 대통령의 재산기부 실천은 정치적 모범사례의 하나로 평가되어야 한다.

대통령이 보인 노블레스 오블리주가 다른 정치 지도자와 사회 지도층에 확산되는 계기가 되길 기대한다. 다만 청와대는 이 대통령의 차후 행보가 공약이행의 진정성을 담보할 수 있다는 점을 인식할 필요가 있다. 2009. 7. 7

제헌절에 생각해 본 국회 바로 서기

제61주년(2009년) 제헌절을 맞아 김형오 국회의장은 경축사에서 "지금이야말로 87년 체제에 대한 근본적 성찰 위에서 이를 창조적으로 극복하는 헌법 개정을 시작해야 할 때이다."라고 말했다. 1989년의 제한적 개헌이 담아내지 못한 새로운 헌법 패러다임을 논의해야 한다는 것이 그의 주장이었다.

주장의 골자는 선진형 국가비전을 제시하고 권력구조를 분권형으로 바꿔야 한다는 것으로 요약된다. 기본권 분야에서 세계화, 정보화, 지방화의 새로운 조류를 반영해야 하고 대통령에게 권력이 집중되는 폐단을 없애야 한다는 것이다. 5년 단임제 대통령 선거와 4년 임기 국회의원 선거의 주기가 엇갈려 정책 추진이 어렵다는 점도 개헌의 필요성을 제기한 요인이었다. 환경, 여성, 사이버 인권도 반영해야 한다고 그는 주장했다. 김 의장은 개헌 특별위원회를 설치하고 2010년 6월 지방선거 이전까지 개헌 절차를 마무리하겠다고 말했다.

그러나 김 의장은 개헌 주장에 앞서 국회의 자화상을 들여다볼 필요가 있다. 18대 국회는 7월 16일까지 289일의 개회일 중 153일을 파행으로 흘려보냈다. 비정규직법 등 시급한 민생법안은 상정조차 되지 않았다. 시민단체들은 언론, 출판, 집회, 결사의 자유 등 헌법상의 기본권마저 짓밟히는 현실이라고 비판했다. 여야는 미디어 관련 법안을 놓고 죽기 아니면 살기식 극한 대치의 추한 모습을 보였다. 상황이 이런데 개헌이 무엇인가. 누구를 위해서, 어떤 방법으로 개헌을 추진하자는 것인가.

개헌 논의는 2007년 1월 노무현 전 대통령이 4년 중임제 원 포인트 개헌을 제안하면서 비롯됐다. 당시 여야는 18대 국회에서 개헌을 논의하기로 합의했다. 이에 따라 김 의장은 의장 직속으로 헌법연구자문위원회를 설치해 개헌 문제를 연구하게 했다. 그러나 헌법 개정이 열린 논의와 공감대 형성을 통해 추진되지 않는다면 집권 세력의 정치적 계산에 휘둘릴 가능성이 크다.

더구나 여당이 대통령과 정부에 끌려 다니는 인상을 지우지 못하고 있는 상황에서 추진되는 것은 적절치 않다. 개헌 문제로 국

회가 또 한 번 충돌과 대결을 치른다면 심각한 국론 분열을 가져
올 수 있다. 제헌절을 맞아 국회가 해야 할 일은 국회 정상화와
민생을 위하는 신뢰받는 국회상 정립이다. 헌법 전문은 자유와
평등, 공동의 번영과 발전을 위해 헌법을 제정한다고 밝히고 있
다. 공생 공영 공의의 길을 위해 헌법은 제정, 공포되었다. 국회
는 헌법의 정신대로 국민을 위해 단결하여 일할 수 있는 모습으
로 다시 서야 한다. 국회는 건국 헌법 전문을 다시 읽어야 한다.

　　유구한 역사와 전통에 빛나는 우리들 대한국민은 기미삼일
운동으로 대한민국을 건립하여 세계에 선포한 위대한 독립정
신을 계승하여 이제 민주 독립 국가를 재건함에 있어서 정의
인도와 동포애로써 민족의 단결을 공고히 하며 모든 사회적
폐습을 타파하고 민주주의 제 제도를 수립하여 정치, 경제,
사회, 문화의 모든 영역에 있어서 각인의 기회를 균등히 하고
능력을 최고도로 발휘케 하며 각인의 책임과 의무를 완수하
게 하여 안으로는 국민생활의 균등한 향상을 기하고 밖으로
는 항구적인 국제평화의 유지에 노력하여 우리들과 우리들의
자손의 안전과 자유와 행복을 영원히 확보할 것을 결의하고
우리들의 정당 또 자유로이 선거된 대표로서 구성된 국회에
서 단기 4281년 7월12일 이 헌법을 제정한다.
2009. 7.20

생활정치를 위한 정치개혁

생활정치와 여성후보 의무공천제

2010년 6·2지방선거에서는 여성후보 의무공천제 실시를 놓고 혼란이 적지 않았다. 당시 도의원 후보를 공천할 때 여성할당을 처음으로 의무화해 위반할 경우 등록 거부라는 강력한 제재 규정이 도입됐기 때문이다. 두 차례 개정을 거친 공직선거법은 광역의원 선거와 관련, 국회의원 지역구를 기준으로 1명 이상을 여성으로 추천하도록 했다. 이를 위반할 경우 그 정당이 추천한 해당 국회의원 지역구의 광역의원 후보자의 등록을 모두 무효로 하는 제재조항을 마련한 것이다. 다만 해당 지역에서 정당이 추천한 후보자의 수가 의원 정수의 50%에 미달하는 경우 예외를 인정하여 한나라당과 민주당을 제외한 다른 정당은 여성후보 공천의무제를 이행하지 않은 데 따른 제재를 받지 않도록 했다.

여성후보 의무공천제는 능력과 자질이 있음에도 불구하고 여러 가지 제약 때문에 남성보다 상대적으로 정계 진출이 어려운 여성들을 위한 제도다. 여성들이 정계에 진출하여 나라의 일꾼으로 당당히 자리를 잡아 지역의 살림살이와 나라의 살림살이를 꼼꼼히 살피고 챙기는 데 기여할 수 있도록 한 것이 제도 도입의 취지였다.

지방정치를 이끌 여성들의 모성리더십은 지역주민의 생활 전반을 현미경처럼 돌볼 수 있는 생활정치 시대에 필요한 리더십이라는 점에서 정책 도입 자체는 적절한 것으로 평가되었다. 그러나 한나라당과 민주당은 여성후보 공천에 골머리를 앓아야 했다. 여성 인재가 부족한 데다 자격 있는 여성정치인은 후보로 나서기를 꺼려했기 때문이다.

정계 진출을 희망하는 여성은 대부분 당선이 손쉬운 지방의회 비례대표 1번을 선호했다. 지역구 출마에 따른 고통을 감당할 준비가 부족했다는 애기다. 선거 전략상 여성후보는 취약한 지역기반 때문에 조직력에서 밀렸고 남성후보에 비해 막대한 선거비용을 조달하기 어렵다는 점도 한 몫을 했다. 선거기간 중 각종 흑색선전과 비방을 통해 후보 자신의 개인사와 가족사가 공개될 것을 걱정해 가족들이 출마를 반대한 것도 여성후보들이 선뜻 나서지 못하는 이유였다.

여성후보 의무공천제는 역차별이라며 남성 후보자들이 집단 반발한 것도 걸림돌이었다. 신상해 부산시의원이 부산 사상구청장 공천 탈락 후 무소속 출마로 당의 결정에 반발한 것이 좋은 예이다. 신 의원은 "여성이라는 이유로 경쟁도 없이 공천한다면 당원과 유권자의 선택권을 원천적으로 봉쇄하고 시, 도당 공심위원회의 권한마저 무력화시키는 행위."라고 주장하고 "여성후보와 경쟁하는 남성후보는 역차별을 받게 됐다."고 비판했다.

여성후보 의무공천제가 생활정치의 실현에 일조할 수 있도록 취지를 살리려면 국가와 정당 차원의 지원이 절실하다. 지방자치 제도의 이해, 선거 전략, 이미지 메이킹 및 홍보 방법, 대중 연설 훈련 등 여성후보의 능력을 기를 수 있도록 도와 여성의 정치 진출 문턱을 낮추어야 한다. 의정 활동에 필요한 정책 개발 관련 지식과 방법을 체계적으로 지도하는 방안도 필요하다.

정계에 첫발을 디딘 여성 정치인이 일회성 정치인에 그친다면 정치력의 낭비이다. 자신의 능력으로 정치력을 인정받은 여성 정치인이 정계에서 자기만의 영역을 확보할 수 있도록 해주어야 한다. 기득권을 가진 남성 정치인의 인식 전환도 필요하다. 검증된 여성의 능력을 존중하고 여성정치인이 생활정치 분야에서 사회 발전을 위해 한몫을 하도록 도와야 한다. 파이를 혼자 먹겠다는 발상은 버려야 한다. 2010. 3.20

언론이 정책선거 유도해야 한다

2010년 6 · 2지방선거는 이상한 선거였다. 꼭 다루어져야 할 지방의 이슈가 사라진 대신 세종시 수정안 논란, 천안함 침몰사건, 금강산 사태 등 전국적인 이슈가 선거판을 풍미했다. 한나라당은 선거를 북풍과 관련한 보수 대결집의 기회로 활용했다. 민주당과 야당은 노무현 전 대통령 서거를 계기로 한명숙 전 총리에 대한 검찰수사와 사법개혁 이슈를 승리 전략으로 채택했다. 여야는 '북풍'이냐, '노풍'이냐를 놓고 중앙당 전력을 총동원해 홍보전을 폈다. 지역발전을 위한 전략은 사라졌고 거대 담론을 앞세운 전술만 난무했다. 현미경 대신 망원경을 들이댄 꼴이었다.

이상한 모습은 또 있다. 중앙당의 전략공천을 받은 후보자의 상당수가 비리 의혹으로 낙마했다. 어렵사리 공천을 받은 일부 후보들은 선거전에 돌입할 때까지 정책공약집마저 제대로 내놓지 못했다. 토론회에서는 질문에 동문서답하고 타 후보 공약의 정책타당성을 논하기 보다 네거티브 홍보에 열중했다. 교육감 선거에서는 기호 추첨 때 1번이냐, 2번이냐에 일희일비했다. 지방을 위한 정치인이 되겠다는 각오와 결의를 찾아볼 수 없는 모습이었다. 이러한 결과는 공천 과정에서 이미 예견 됐었다. 후보로 등록한 3천991명의 대부분은 제대로 검증되지 않은 후보였다. 유권자들은 후보자의 지역발전공약을 제대로 검증할 수조차 없었다. 인물검증은 더욱 어려웠다. 정당소속 여부로 후보자를 판단하고 기계적 거수기 역할을 해야 할 판이었다. 사실상 묻지마 투표를 방조한 것이다.

중앙정치의 담론에 휘말리는 지방선거는 지방 현안을 다루는 정책선거를 불가능하게 하는 요인이다. 국가적 이슈가 난무하는 현장에서는 지역 현안이 끼어들 틈이 없다. 지역 현안에 대한 논의와 논쟁이 사라진 지방선거에서 지방자치의 자립을 기대할 수는 없는 일이다. 지방선거의 판을 바꾸어야 하는 이유이다.

　지방선거가 정책 선거로 성공을 거두기 위해서는 언론의 역할이 어느 때보다 절실하다. 지방정치는 지방의 생활과 문화를 책임지는 정치이기 때문에 중앙당 차원의 국정운영과는 다른 논리를 갖는다. 지역마다 선거 정책도 다를 수밖에 없다. 지역에 대한 이해도, 도덕성에 대한 검증 내용도 다르다.

　이와 관련해 언론의 보도 행태는 문제가 없지 않았다. 지방의 현안과 이슈를 집중 조명하고 후보자의 면면을 평가하는 정책검증 보도를 제대로 하지 않았기 때문이다. 한나라당과 민주당의 입장을 보도하는 기사는 넘쳐 났으나 정작 유권자에게 도움이 되는 정보는 부족했다. 반성과 개선이 필요한 대목이다.

　언론은 후보자의 정책과 비전을 걸러내는 여과장치이다. 후보의 공약과 그것의 실현가능성에 대한 심도 있는 보도는 유권자의 판단에 결정적 자료가 된다. 각 정당과 후보 캠프에서 배포한 보도 자료는 후보의 시각일 뿐이다. 언론은 유권자의 시각에서 후보의 주장을 살펴야 한다. 유권자와 지역의 입장에서 후보를 검증하는 심층 보도와 기획 보도는 그래서 필요하다.

　후보에 대한 심층 보도는 지방선거를 정책선거로 유도하는 채찍이다. 그 채찍을 드는 것은 언론의 의무이다. 언론이 그동안의 선거보도 편집의 틀을 깨고 정책선거를 위한 공적 기능을 더욱 치열하게 수행해 주기를 기대한다. 2010. 5.25

지자체의 주체는 주민이다

지방선거는 지역주민의 생활 안정과 지역의 균형 발전을 이끌 일꾼을 선출하는 중요한 선거이다. 광역자치단체의 시장, 도지사는 막대한 지방예산을 집행하는 직위이다. 기초자치단체의 시장, 군수, 구청장은 해당 지역이 소외되거나 치우치지 않도록 균형성장과 발전을 주도해야 하는 자리이다. 기초자치단체장이 행사할 수 있는 인·허가권은 무려 3천800여 건에 이른다. 그만큼 지역주민의 삶에 지대한 영향을 미치는 자리이다. 교육감은 지역주민 자녀들의 미래에 큰 영향을 끼치는 교육을 책임지는 중요한 직책이다.

선거는 정당과 후보를 위한 잔치가 아니라 유권자가 주인인 잔치이다. 저마다 지역 발전에 중요한 역할을 담당해야 할 지역 일꾼을 선발하는 지방선거가 모든 유권자들의 적극적인 관심과 참여를 통해 치러져야 하는 이유이다. 지역주민의 삶의 질을 높일 수 있는 인물은 누구인가, 지역 발전을 이끌 효과적인 정책은 무엇인가를 관찰하고 검증하는 것이 지방선거이다. 지방선거에 대한 지역 유권자들의 관심과 이해가 필요한 것은 이 때문이다. 유권자들의 이해와 관심이 부족할 경우 지방선거는 후보들의 면면을 제대로 검증할 수 없고 실현가능한 정책들을 인지하지 못하는 것은 물론 제대로 투표권을 행사 할 수도 없다.

언론에는 후보의 실현가능한 정책을 검증하고 이력을 살펴 달라고 당부해야 한다. 그것이 지방정치의 주인 유권자가 해야 할 일이다. 유권자의 무관심은 불법 선거운동을 조장하고 자질 미달의 후보를 뽑기 십상이다.

유권자는 선심성 공약을 남발하는 후보의 유혹에 속지 말아야 한다. 당선 후 공약公約을 눈감아 공약화空約化하거나 사리사욕에 눈 어두워진 정치인은 유권자에게는 사실상 가해자이다. 민주주의는 무엇보다도 현명한 정치의식을 갖춘 유권자들의 참여로 실현된다. 무관심과 방관은 자질 미달의 인물을 무대 위에 올려주는 꼴이 된다. 주민의 생활 안정을 위해 고민하고 지역 발전을 위해 진력하는 참된 일꾼을 가려내야 한다. 유권자가 선거에 관심을 갖고 적극 참여해야 하는 이유이다. 2010. 4.28

전환점 맞은 지방정치

충북 괴산군 임각수 군수는 특이한 신념을 가진 사람이다. 그는 2010년 6·2지방선거에서 선관위에 등록되지도 않은 '괴산 군민당'이라는 이름으로 무소속으로 출마해 당선됐다. 군민을 '당원 동지'라고 믿었던 그는 2006년 선거에서도 역시 무소속으로 당선해 '무소속 2연패' 기록을 세웠다.

그의 정치철학의 핵심은 지역정치에서 기초단체장의 정당공천은 무의미하다는 것이다. 정당을 걸림돌로 여긴 그는 지역 현안에 대한 소신 있는 정책대안을 공약으로 내걸어 군민의 지지를 얻을 수 있었다.

임 군수의 신념은 몇 가지 시사점을 우리에게 던져주었다. 그 가운데 가장 중요한 것은 지역 유권자들이 중앙당의 거대 담론보다 지역의 이익에 걸맞는 정책과 인물을 선호했다는 점이다. 전국적으로 상당수의 무소속 후보가 당선한 것이 이를 증명한다.

지역 선거에서 무소속 후보가 당선되는 것은 유권자들이 생활정치를 원하고 있다는 증거이다. 중앙당은 선거 결과가 정권에 대한 국민의 심판이었다고 주장하거나, 세대교체를 국민이 원했다고 분석하기도 했으나 지역주민의 정서는 그게 아니었다. 유권자가 원했던 것은 당 이름이 아니라 지역을 위한 정책과 공약, 후보의 인품과 역량이었다. 당에 관계없이 지역을 더 위할 수 있는 인물이 누구인가를 살펴 그에 걸맞은 후보에게 표를 몰아주었다는 애기다.

여야가 지역 주민의 뜻을 헤아리지 못한 이 같은 인식의 괴리는 생활정치를 바라는 민심의 변화를 읽지 못한 결과이자 지방선거전략은 민심을 헤아리는 데서 출발해야 한다는 사실을 아직도 인지하지 못한 탓이었다. 여야는 지역을 위한 정책 선거와 인물 선거를 요구하는 주민들의 여망과는 달리 선거기간 내내 4대강 사업, 세종시 수정안, 천안함 사태, 금강산 사업 중단 등 거대 담론으로 대립과 갈등을 빚었다. 또 정당공천제를 고집하여 비리 연루자들을 공천하는 자충수를 두어 여전히 지방민주주의를 위한 인재 개발과 지방 발전을 위한 공약 개발을 뒷전으로 생각하고 있다는 인식을 유권자들에게 심어주었다.

이제 한국의 지방정치는 전환점을 맞았다고 판단해도 되지 않을까. 지방선거는 더 이상 중앙정치의 예속물이 아니다. 따라서 지방정치는 지역 현안을 해결하고 지역 발전을 위한 비전을 실현할 수 있는 무대로 바뀌어야 한다. 지방선거에서 국가적 이슈를 앞세워 지방 정책의 이슈화를 막았던 정당들의 반성도 필요하다.
2010. 6. 8

생활인에 의한 생활정치의 개가

'전국에서 몰려온 수많은 참관객들이 주행사장인 영동 용두공원에서 신나는 음악에 맞춰 포도 밟기로 스트레스를 해소하고 하늘을 나는 포도 받기, 영동포도 노래 부르기, 영동포도 장난감 만들기, 영동포도 페이스페인팅 등 온 몸으로 영동포도를 체험했다.' 지방 언론이 제42회째를 맞은 난계국악축제와 함께 열린 2009영동포도축제의 흥겨운 모습을 보도한 내용이다.

산자수명山紫水明한 충북 영동군은 이번 축제가 말해주듯 포도의 고장으로 자리매김했다. 재배 면적은 2천612헥타르에 이르고 한 해 수입도 1천여 억 원에 이른다. 수출도 활발하다. 2008년 미국 캘리포니아 주에 90톤, 2009년에는 200톤을 수출했다.

영동군이 포도 재배로 부를 일구기까지에는 각별한 사연이 있다. 영동군은 처음 포도의 수출 길을 뚫기 위해 미국 캘리포니아에서 로드쇼를 벌였다. 정구복 군수의 결정이었다. 영동포도는 N시의 포도, Y군의 포도와 함께 슈퍼마켓에 진열해 판매경쟁을 벌였는데 시식용 포도를 맛본 미국 사람들이 영동포도를 훨씬 많이 사갔다. 그러자 Y군과 N시가 30% 할인판매 작전을 폈다. 영동군은 시식용은 더 풀되 할인은 하지 않는다는 원칙을 고수했다. 결과는 영동포도의 승리였다. 영동포도가 다 팔려야만 나머지 포도가 팔릴 정도였다. 정 군수의 전술적인 추진력이 수출 길을 연 것이다.

정 군수는 열린우리당 공천으로 출마해 당선했고 열린우리당 해체 후 자유선진당으로 당적을 옮긴 정치인이다. 그러나 정치인이기에 앞서 고생으로 어려움을 극복한 사람이다. 영동포도로 대박을 터뜨린 밑바닥에는 그의 경험이 녹아 있다. 집안이 어려웠던 그는 중학교 졸업 후 서울의 자동차 정비 공장에서 3년 동안 돈을 벌었다. 그래서 고교 진학도 남들보다 3년 뒤졌다. 군 복무를 마친 뒤 남들보다 6년 늦게 대전공전에 진학한 그는 졸업 후 오리표 싱크대 회사에 입사해 근무하다 8급 공무원이 됐다.

그는 7급으로 진급했으나 계급 정년을 채우지 않고 사표를 던졌다. 이유는 간단했다. 기술직 말단 공무원의 전망이 좋지 않았던 탓이다. 조그만 개인 사업을 하던 그는 1996년 지자체 선거에 군 의원 후보로 출마해 당선했다. 군 의원 재선 후 기초단체장 선거에 출마했으나 실패한 뒤 3수 끝에 2006년 지방 CEO자리에 올랐다.

포도 수출 말고도 지방 CEO로서 그의 끈기를 잘 말해주는 또 하나의 사례는 2007년 육군종합행정학교 유치를 놓고 경북 영주시와 치열한 접전을 벌인 끝에 유치에 성공한 것이다. 군청 공무원들도 유치를 반대했지만 전직 군 고위관계자까지 동원해서 유치운동을 벌인 타 지역의 방해 등 갖가지 장애를 극복하고 유치에 성공했다. 육군 종합 행정학교 유치는 영동 발전에 도움을 주는 업적이라는 평가도 받았다.

영동군의 시정 브랜드는 '레인보우 영동'이다. 레인보우(무지개)가 희망과 행복 찾기의 상징이라면 영동군은 그것을 시정의 비전으로 삼아 실천한 모범사례로 불릴 만하다. 주민에게 희망과 행복을 주기 위해 중앙당의 정치적 명분은 중요한 것이 아니다. 지자체 단체장 선거에 중앙당이 추천한 인물이라고 해서 주민의 행복을 보장하지는 않는다. 현행 정당공천제는 중앙당이 입맛에 맞는 사람을 고르는 것에 불과하고 지역 국회의원의 제 사람 심기에 활용되는 제도일 뿐이다. 주민 생활에 도움을 주는 행정이 지자체 행정의 본질인데도 말이다. 영동포도는 '생활인에 의한 생활 정치'의 개가라는 상징성을 지닌다. 결론은 이렇다.
"포도재배로 농가 소득 올리는 데 정당이 무슨 소용인가."

2009. 9.17

지방 민주주의, 아직도 멀었다

지자체의 재정 악화

서울과 경기도 등 전국 14개 광역자치단체 산하 도시개발공사가 발행한 채권은 최근 2년 간 17배 늘었다. 2007년 말 8천억 원 수준이었던 이들 공사의 채권발행 잔액은 2010년 2월말 기준 14조8천억 원으로 불어났다. 재정이 부실한 지방자치단체들이 정부 지원을 염두에 두고 지방공기업을 통해 채권을 남발한 결과 엄청난 운영 적자를 떠안은 것이다.

가난한 지자체가 그럭저럭 버티는 것은 중앙 정부가 지원하는 지방교부세와 국고보조금 때문이다. 중앙정부가 파산 직전의 지방자치단체의 버팀목 역할을 하고 있는 셈이다. 지방정부의 평균 재정자립도는 2009년 기준 53%에 불과하다. 서울, 경기, 인천만 자립이 가능할 뿐이다.

재정위기는 낮은 재정자립도에도 불구하고 각종 사업에 무리한 투자를 했기 때문이다. 대규모 사업을 감당할 능력이 모자란 지방자치단체들의 채권발행은 막무가내식 투자의 전형을 보여준다. 전문가들은 "지방공기업의 부채 급증 현상이 계속될 경우

5년~10년 안에 재정 파탄에 직면하는 지자체들이 속출하고 그에 따라 국민의 세금 부담도 커질 것."이라고 경고했다. 결국 행정안전부가 지방공기업 26곳에 대한 청산, 통합, 조건부 청산 등 구조조정에 나설 수밖에 없는 지경에 이르렀다. 국가가 지방공기업 파산사태 해결에 나선 것이다.

지자체의 재정위기는 단체장의 권력욕과 무관하지 않다. 재임 중 치적을 위해서는 무책임도 마다하지 않는다. 다음 선거에서 당선하기 위해서는 무리수를 두더라도 실적이 필요하기 때문이다.

지방자치단체의 잘못된 투자와 부실 경영을 더 이상 묵과할 수는 없다. 지자체의 빚은 국민의 세금 부담으로 연결되고 예산 낭비는 중앙정부의 부실로 이어질 수 있다. 중앙정부는 예비타당성 조사의 범위를 확대하는 등 대책을 통해 투자에 제동을 걸어 무분별한 투자 사업을 솎아내야 한다. 방만한 경영으로 문제가 되고 있는 26개 지방공기업들에 대해서는 엄격한 사정을 통해 청산과 통폐합을 강력히 추진해야 한다. 아울러 미국이나 일본에서 시행하고 있는 지방자치단체의 재정 파산제 도입도 적극적으로 검토할 필요가 있다. 지방자치단체의 경영 효율성은 향후 국가경쟁력 강화를 위해서도 꼭 해결해야 할 과제이다. 2010. 3.23

정책 뒤집기는 신중해야 한다

조직의 책임자 자리를 새로 꿰찬 사람은 몇 가지 유혹에 빠진다. 조직 문화를 바꿔야 할까, 어떻게 바꿀까, 나는 전임자와 무엇이 달라야 할까, 나의 차별성을 보여줄 수단은 무얼까. '변화는 좋은 것', 유혹은 그렇게 말한다. 그래서 '변화'라는 카드가 등장한다. 변화가 불러올 역풍은 갑자기 사라져 버린다. 변화의 카드가 가진 이중성도 인식되지 않는다. 2010년 6·2지방선거는 유혹에 약한 사람들을 지자체의 책임자로 등장시켰다.

이를테면, 호화 청사를 매각하고 청사를 새로 짓겠다고 하는 등의 '재검토', '백지화' 의견과 정책이 많았다. 일단 '뒤집겠다'는 방침이 그저 전임자가 추진한 핵심 사업이어서 라든가 구설수에 올랐다 하는 이유 때문이라면 곤란하다.

문제는 정책의 재검토나 백지화는 누구나 인정할 수 있는 객관적이며 합리적인 평가 기준을 따라야 한다는 점이다. 지역 주민들의 삶과 지역 발전과의 연계성을 철저하게 검증하고 충분한 소통과 여론 수렴 과정을 거쳐 변경이나 철회를 주장하는 것이 옳다. 그렇지 않다면 선거가 치러지는 매 4년마다 지방정책은 판 뒤집기의 악순환에서 벗어날 수 없지 않겠는가.

시민의 동의로 막대한 세금이 투입된 정책의 변경은 신중한 검토가 전제 조건이다. 시민 생활에 직접적인 영향을 미치는 사업

일수록 더욱 그렇다. 지방자치단체의 주요 정책 사업은 일관성과 연속성이 요구되는 지자체 역점 사업이 대부분이다. 무분별한 전임자 정책 뒤집기 관행을 바로잡을 수 있는 방안이 모색되어야 한다.   2010. 10. 5

행정구역 자율통합의 전제 조건

생활권과 경제권이 같은 인접 시·군을 하나로 묶는 지방 행정구역 자율통합 정책이 시작부터 진통을 겪고 있다. 지역주민의 여론을 듣는 공청회도 제대로 진행되지 못했거나 아예 무산되는 사례가 잦았다.

행정구역 자율통합 작업이 출발부터 어려움을 겪는 것은 정부가 통합을 무리하게 추진하기 때문이라는 분석이 유력하다. 2009년 9월 말 마감된 자율통합 신청 결과 전국 18개 지역 48개 시·군이 통합건의서를 제출했다. 그러나 문제는 18개 지역에서 양측이 통합에 의견 일치를 보인 지역은 5개 지역뿐 나머지는 한쪽 지역이 일방적으로 신청했다는 점이다. 통합에 의견 일치를 보인 5개 지역 중에서도 자치단체장과 의회, 지역주민 간의 생각이 다른 지역이 있다는 얘기도 들린다. 공청회와 주민여론조사가 제대로 치러지지 못하고 있다는 게 이상할 리 없다.

우려했던 대로 일부 지역에서는 자치단체장이 소속 공무원들을 동원해 조직적인 통합 반대운동까지 벌였다. 공무원들이 나서

통합과 관련된 허위 사실을 유포하는가 하면 돈을 걷어 통합 반대운동단체에 활동비를 지원하기도 했다. 뿐만 아니라 면장, 부면장이 이장, 부녀회장 연석회의에 참석해 통합 반대를 설득하기도 했다는 얘기도 들린다. 행정구역 자율통합 작업이 당초의 취지와는 반대로 심각한 부작용을 낳고 있는 것이다.

생활권과 경제권이 같은 지방자치단체들의 행정구역 통합은 지방행정뿐만 아니라 사회·경제적 측면 등 여러 분야에서 긍정적인 효과가 있다. 자율통합을 이룰 경우 50억 원의 특별교부세를 받는다. 기존 교부세액을 5년간 유지하고 통합 자치단체 교부세액의 60%를 10년간 나눠 받는 파격적인 인센티브도 있다. 2014년 시행을 목표로 삼은 국가 차원의 행정구역 개편에도 적잖은 도움이 된다. 그러나 이보다 더 중요한 것은 해당 지역주민들의 뜻이다. 그리고 주민의 뜻은 자유로운 찬반토론을 통해 수렴되어야 한다. 찬성 혹은 반대를 미리 결정하고 자신과 다른 의견을 무시하거나 묵살하는 행위가 있다면 지역사회 발전의 시계를 거꾸로 돌리는 것과 같다.

행정구역 자율통합은 따라서 시간이 다소 걸리더라도 해당 지역주민들의 공감대를 바탕으로 이루어져야 한다. 지역주민의 뜻은 지방자치단체장과 지방의회를 통해 수렴할 수 있다. 행정구역 자율통합은 이 같은 과정을 통해 해당 지역의 자치단체장과 의회가 모두 통합에 합의하는 것이 먼저다. 지역주민의 의견과는 달리 자치단체장이나 의회의 뜻만으로 진행하거나 일부 주민들의 의견만으로 추진된다면 곤란하다.

　행정구역 자율통합의 목적은 그 무엇보다 거주하는 주민들의 삶을 보다 쾌적하고 편하게 하는 데 있다. 따라서 행정구역 자율통합을 추진하는 정부는 통합이 자연스럽게 이루어질 수 있는 지역에 한해 공청회 등의 절차를 밟아 우선 추진하고 최종 결정은 자치단체장이나 의회 간의 합의에 이어 주민들의 투표로 결정하는 것이 옳다.　2009.10.20

'청렴 의무' 강조한 지방의원 행동강령

　'지방의회 의원 행동강령'은 지방의원 신분의 특수성을 고려해 기존 공무원 행동강령을 개선한 것이다. 각계에서는 이를 계기로 지방정치의 투명성이 한 단계 높아질 것으로 기대하고 있다.

　행동강령은 15개 행위기준과 행동강령 운영에 관한 사항 등을 포함 총 24개 조문으로 구성되어 있다. 주로 지방의원의 청렴성과 관계된 항목이 눈에 띈다. 우선 의안 심사나 예산심의 등이 의원 본인이나 배우자, 직계 존·비속 및 4촌 이내의 친족 등과 직접적 이해관계가 있을 경우 의장에게 소명 후 참석하지 않을 수 있도록 했다. 또 직위를 이용해 직무 관련자의 임용, 승진, 전보 등 인사에 부당하게 개입하거나 부당한 이익을 얻도록 해서는 안 된다는 점을 명시했다.

최근 물의를 일으켰던 외유성 해외 연수 문제를 해결하기 위해 의장 승인 없이 다른 기관이나 단체로부터 여비를 받아 국내외 활동을 할 수 없게 하는 내용도 있다. 대가를 받고 세미나, 공청회, 토론회 등에 참석할 경우 이를 신고해야 하는 조항도 있다. 이밖에 의원 또는 직무 관련자와 금전 거래를 할 수 없고 경조금품 등을 받지 않도록 정했다. 이 행동강령에는 성희롱금지 규정도 포함되어 있어 지방의원들의 공직기강 확립에 가이드라인이 될 것이다. 제4대 지방 광역의원 780명 중 비리 연루 등으로 중도 하차한 의원이 70여 명에 육박할 정도로 그동안 지방의원들의 청렴성과 윤리의식은 매우 낮았다. 국민권익위원회가 자체 조사한 직업별 청렴 수준에 대한 국민의식조사에서도 국회의원 다음으로 낮은 평가를 받아 개선이 시급한 것으로 나타났었다.

시민사회가 의원들의 의정 활동의 모든 것을 감시하고 독려할 수는 없다. 지방의원의 활동을 활성화하는 방안이 정치권에서 진지하게 논의되기를 기대한다. 2010. 6.24

풀뿌리 민주주의 훼방꾼

지방자치의 폐단을 막기 위해 도입된 주민소환제가 입법 취지에 맞지 않게 특정 세력의 불법 수단으로 악용되고 있다는 주장이 제기됐다. 2010년 4월 30일 보수단체인 '나라사랑실천운동'은 김황식 하남시장과 김태환 제주특별도지사에 대한 주민소환투표 당시 서명부를 조작한 혐의로 청구인 대표자 5명과 수임자 다

수를 서울중앙지검에 고발했다. 이들 주장의 핵심은 주민소환투
표를 청구하는 과정에서 서명부 조작이 불순한 세력을 중심으로
되풀이되었다는 것이었다.

중앙선거관리위원회 심사 결과 2007년 7월 하남시장 등 4인을
대상으로 전국 최초로 실시된 주민소환투표에서 청구 서명부의
42%가 가짜로 밝혀졌다. 2008년 9월 청구된 이연수 전 시흥시장
에 대한 주민소환투표의 경우 25%가 무효로 판정되었다. 지난해
8월 25일 해군기지 건설에 동의한 김태환 제주도지사를 상대로
실시된 주민소환투표도 청구 서명부의 33.6%가 무효로 판정되었
다. 단순한 무효가 아니고 청구권자의 명의와 서명을 위조한 행
위였다. 지방선거를 통해 유권자에 의해 선발된 지방선출직 공직
자의 직무를 주민소환제로 빼앗으려 한 불법행위였던 것이다. 명
단과 서명을 도용당한 사람들은 이런 사실 자체를 알지 못했다고
하니 더욱 황당하다.

주민소환제는 2007년 7월 도입된 이후 네 차례 실시되었으나
결국 모두 부정한 방법으로 진행된 것이나 다름없다. 제주도와
하남시는 무효 서명을 뺀 청구인 수가 정족수를 넘어 투표를 실
시했지만 투표인 수 미달로 부결되었다. 선거관리위원회는 이런
사실을 적발하고도 무효조치 하는데 그쳤다. 주민소환제가 특정
정치단체와 일부 세력의 지자체장의 직무를 무력화시키는 수단
으로 악용되어 자치단체장의 손발을 묶는다면 이로 인한 행정 공
백과 선거로 인한 예산 낭비, 지역사회의 갈등과 분열을 어떻게

수습할 수 있을 것인가.

　주민소환제는 간접민주주의를 보완하는 직접민주주의 형식의 제도로 주목받은 제도이다. 그러나 이번 사태를 계기로 운용을 위한 법적, 제도적 개선의 필요성이 제기된 것이다. 시민단체의 고발을 계기로 주민소환투표청구권자의 명의와 주민등록번호를 도용하고 서명을 위조한 불순한 세력에 대해 엄중한 수사와 처벌이 뒤따라야 한다. 정부와 국회는 이와 같은 조작 사건이 발생하지 않도록 재발 방지 대책을 마련해야 한다. 주민투표 조작 사건을 지방 민주주의 정착을 위한 변화의 계기로 삼기를 기대한다.
2010. 5.12

지방의 가치추구가 우선이다

　지역을 위한 지방선거는 언제쯤 실현될 수 있을 것인가. 유권자들은 언제쯤 정책과 인물을 보고 더 나은 지역 일꾼을 뽑는 선거경험을 할 수 있을 것인가. 2010년 6·2지방선거에서 중앙정치세력의 힘겨루기에 휘둘리는 지방의 현실을 확인하고 새로운 지방선거 패턴이 정착돼야 한다는 사실을 절감했다.

　6·2지방선거는 공직선거법에 따라 매니페스토 형식으로 치러지는 첫 선거였다. 메니페스토는 후보자가 공약을 제시하면 그 실현 가능성을 유권자와 시민단체, 언론이 검증하는 제도이다. 후보자는 당연히 지역 발전과 관련된 공약을 제시해야 하고 유권

자의 심판을 기다려야 한다.

　그러나 결과는 그게 아니었다. 공약과 정책은 어디론가 증발하고 그 자리에는 중앙정치의 보수 세력과 진보 세력이 설정한 구도가 자리 잡았다. 결과적으로 지역 주민은 여야가 설정한 구도에 따라 투표를 할 수밖에 없는 처지에 놓였다. 자신의 의도와는 상관없이 아군과 적군으로 나뉘어 설 것을 요구받았다고나 할까.

　지방선거의 본질을 왜곡시킨 단초를 제공한 것은 뇌물수수혐의로 기소된 한명숙 전 총리에 대한 법원의 무죄판결이었다. 노무현 정부 시절 총리를 지낸 사람에 대한 무죄판결은 선거 2개월을 앞두고 보수·진보의 이념 갈등을 촉발시켰다. 야권은 정치검찰의 정치적 흠집 내기에 대한 법원 심판이라는 입장을 보였고 여권은 재판 과정에서 드러난 부도덕한 실체를 국민들은 기억할 것이라며 야당의 중심 역할이 예상되는 한 전 총리에 대한 견제를 선거 전략으로 삼았다.

　언론도 두 쪽으로 갈려 갈등을 부채질했다. 게다가 정부는 천안함 폭침에 북한이 개입했다는 조사 결과를 발표해 세칭 북풍을 불렀고 야권은 법원 판결을 근거로 이른바 노풍을 일으키려는 의도로 맞서 보혁 대결 국면을 부채질했다. 판세가 요동치지 않았다면 이상한 일이었다. 결국 지방선거는 중앙당의 정치공학이 난무하는 현장으로 변했고 지역의 이슈는 수면 아래로 가라앉고 말았다.

미국의 카운티 선거는 중앙 정치 무대의 영향을 거의 받지 않는다. 후보는 철저하게 지역과 관련된 문제를 선거의 이슈로 삼고 유권자는 이를 당연한 것으로 받아들인다. 국가정책을 공약으로 삼은 후보는 당선을 기대하지 말아야 한다. 중앙정부도 지역선거에 영향력을 행사하려 하지 않는다. 우리나라와 다른 연방제 중심의 정치구도 탓도 있지만 그보다는 지역 중심의 선거풍토가 뿌리를 내린 것이 더 큰 이유이다.

지방선거는 근본적으로 주민들의 먹고 사는 문제와 관련된 선거이다. 지역경제를 살리고 지역개발을 통해 자신의 고장이 달라지기를 원한다. 취업, 교통, 환경, 치안 문제가 유권자에게는 더 중요하다. 지역 주민은 생활 밀착형 정치를 원한다.

그래서 지방선거는 지역 현안을 놓고 겨루는 경연마당이 되어야 한다. 중앙정치 세력의 노선 대결에 따른 양자택일식 대립 구도로는 생활정치를 결코 구현할 수 없다. 생활정치는 지역 공약으로 실현되고 공약을 이행하는 인물에 의해 이루어져야 한다. 풀뿌리 민주주의 선진화는 이념 편향이 아니라 지방의 가치를 추구할 때 실현된다. 2010. 5.20

평화통일의 길

– 협력과 실리의 통일·외교로

통일의 길을 닦자

– 착실하게, 그러나 단호하게

통일 정책, 무엇이 정답인가

북한의 MB정부 흔들기

북한이 올 들어 취하고 있는 일련의 태도는 도무지 종잡기가 어렵다. 남한에 대한 보복위협과 유화 제스처가 널뛰듯 한다.

첫 번째, 북한 외무성은 1월 11일 "조선전쟁(한국전쟁) 발발 60년이 되는 올해 정전협정을 평화협정으로 바꾸기 위한 회담을 조속히 시작할 것을 정전협정 당사국들에 정중히 제의한다."고 발표했다.

두 번째, 최고 권력기관인 국방위원회의 대변인은 1월 15일 "청와대를 포함해 남조선 당국자들의 본거지를 날려보내기 위한 거족적 보복 성전을 개시할 것."이라고 말했다. 보복 성전 발표와 1시간 차이를 두고 북한 적십자중앙위원회는 우리 정부의 옥수수 1만 톤 지원 제안을 수용하겠다고 남측에 통보했다.

세 번째, 이틀 후인 17일 김정일 국방위원장이 북한군의 육해공 합동훈련을 참관한 사실을 대대적으로 보도하면서 서울을 사정권으로 하는 북한의 240mm 방사포 차량의 사진을 공개했다.

네 번째, 1월 18일 북한은 "우리가 제재 모자를 쓴 채로 6자회담에 나간다면 그 회담은 평등한 회담이 아니라 피고와 판사의 회담으로 되고 만다. 이것은 우리의 자존심이 허락지 않는다."는 담화를 발표했다. 같은 날 당 기관지 노동신문은 '북남 관계는 개선돼야 한다'는 제목의 논설을 싣고 "시대의 요구에 부합되지 않는 북남관계는 시급히 전환돼야 한다."고 주장했다.

다섯 번째, 5월 30일 조선중앙통신은 국방위원회 발표를 인용해 "반공화국 대결책동에 종지부를 찍기 위해 거족적인 진입공세에 진입할 것."이라며 "남한과 상종하지 않겠다."고 보도했다.

여섯 번째, 6월 2일 조선중앙 TV는 "남측이 남북 비밀접촉에서 3번이나 정상회담을 제의했다."며 "천안함과 연평도 사건에 대해 사과하는 것처럼 절충안을 만들어 세상에 내놓자."고 남측이 제안했다고 보도했다. 또 남측이 돈까지 주려 했다고 공개했다.

북한 당국이 그동안 모순되는 말과 행동을 적잖이 되풀이한 전례를 고려하더라도 최근 극과 극을 오가는 북한의 행보는 이례적이자 유례가 없다. 이를 두고 국내 북한 전문가들은 북한 체제에 알 수 없는 변화가 진행되는 것 아니냐는 분석을 내놓고 있다. 최근 우리 정부가 북한 급변 사태를 상정해 비상통치계획을 세웠다는 내용이 언론에 보도되는 등 한국이 북한의 위기를 감지하는 태도를 보이자 북한이 순간적으로 적의를 드러내는 것이라는 분석도 나온다. 일부 전문가는 이명박 정부 흔들기 전략이라는 분석을 내놓기도 했다.

북한 지도부는 내부 체제에 대한 비판을 매우 불편해하는 집단이다. 북한은 체제의 몰락을 겨냥하고 이에 대비하는 듯하는 인상을 심어준 남한과 서방세계에 대해 강력 대응 의지를 밝힌 것으로 보아야 한다는 것이 전문가의 분석이다.

국방위원회 중심의 강력 대응 방침에도 불구하고 금강산관광과 관련한 남북 접촉과 옥수수 1만 톤 지원에 대한 실무 접촉은 예정대로 진행하겠다는 북한의 입장은 내부 경제위기가 최악의 상황으로 치닫고 있다는 사실을 반증하고 있다. 남한을 통해 최대한 실리를 추구하면서 내부 문제는 대외적인 비난과 협박으로 해결의 실마리를 찾으려는 속셈으로 보인다.

북한의 행보가 오락가락할수록 우리 정부는 이에 대해 의연하게 대처하면서 흔들림 없는 원칙과 태도로 북한을 대해야 한다. 유사시 일어날 혼란을 대비해 계획을 세우는 것은 당연하다. 그러나 김 위원장의 사망 또는 북한 체제의 붕괴를 전제로 북한을 자극할 필요는 없다. 더군다나 최악의 경제 상태로 고통 받고 있는 북한 주민에 대한 지원에 나쁜 영향을 미치는 일은 삼가는 것이 바람직하다.

다만 혹시 남한을 상대로 시도할지 모르는 군사훈련이나 군사 행동을 저지하기 위해 외교적, 군사적 대응은 상시적으로 치밀하게 해나가야 한다. 북한과 평화적인 교류를 계속 모색하고 군사적 긴장도 제거할 수 있는 장기 전략에 따라 대화의 실마리를 풀어나가야 한다. 2010. 7.11

대화공세로 MB정부 시험하는 북한

북한이 대남 대화공세를 펼치면서 우리의 대북 정책을 시험하고 있다. 그동안 천안함 폭침 사태, 금강산 일대 남측 자산 몰수, 간첩 파견 등 강경 대응으로 일관했던 북한의 행보가 갑작스레 바뀐 것은 무엇 때문인가. 핵 포기를 전제로 한 이명박 정부의 대북압박정책에 '강 대 강' 전략으로 대응했던 북한이 내부 경제적 위기를 타개하기 위해 교류를 요구하고 있다는 분석이 힘을 얻고 있다.

극심한 수해를 겪은 북한은 한국 적십자사의 인도적 지원 의사 타진에 대해 구호품 대신 쌀과 수해복구에 필요한 시멘트와 중장비를 보내달라고 회신했다. NLL문제를 다루는 군사실무회담을 제의하기도 했다. 남·북 적십자사는 2010년 10월 21일부터 27일까지 이산가족 상봉행사를 3년 만에 다시 갖기로 합의했다.

MB정부 들어서면서부터 얼어붙었던 남북관계가 해빙 모드에 접어드는 것은 반가운 일이다. 한국 경제의 가장 큰 취약점인 남북관계의 지정학적 리스크를 해소할 수 있고 평화 통일에 대한 논의도 진행할 수 있기 때문이다.

그러나 갑작스런 유화 제스처에 MB정부가 어떻게 대응해야 할 것인지에 대해서는 의견이 엇갈리고 있다. 정부와 여당은 북한이 2009년 상반기 내내 핵실험과 미사일 발사를 강행하면서 남북관계를 경색시키다가 8월 들어 남북정상회담을 제의하는 등 대화 카드를 전략적으로 활용했던 점에 주목하고 있다. 북한이 대화 모드를 국면전환용으로 사용하고 있을 뿐 상황에 따라 천안함 사태와 같은 기습 도발을 다시 감행할 수 있다는 점을 경계하는 것이다.

북한이 권력 승계를 염두에 두고 개최하는 9월 초 노동당 대표자 회의가 미뤄지고 있는 정황도 감안해야 한다. 북한 내부의 정치적 상황을 제대로 판단할 수 없는 상태에서 북한의 대화 요구에 끌려갈 가능성이 높기 때문이다.

정부와 여당은 이에 따라 북한이 군량미 100만 톤을 비축해 놓고 있다는 점을 공개하면서 쌀을 일방적으로 지원하기보다는 분배 모니터링이 가능한 방식으로 제한적 지원을 해야 한다는 입장을 발표했다. 북한 군부에 도움을 주는 방식으로는 지원을 하지 않겠다는 것이다. 김대중, 노무현 정부의 대규모 대북 지원이 한반도 안정과 평화에 별다른 도움이 되지 않았다는 점도 제한적 지원의 이유였다. 북한에게 끌려가지 않으면서 실리를 취한다는 전략적 의도로 분석된다.

반면 김대중 정부에서 햇볕정책을 이끌어 왔던 박지원 민주당

비상대책위 대표는 "북한이 100만 톤의 식량을 보유하고 있다는 근거도 제시하지 못한 채 쌀 지원이 어렵다고 말하는 것은 지극히 옹졸하다."며 "분배의 투명성을 확보하려면 얼마든지 대안이 있다."고 지적했다. 야당에서는 대북 정책의 방향을 전향적으로 바꿔 남북 긴장 완화의 기회로 삼아야 한다는 입장이다.

북한이 그동안 대화와 협력의 파트너로서 신뢰를 잃은 것은 사실이다. 무력 도발과 관련해 북한의 재발 방지를 위한 사과와 책임 있는 조치가 보장되지 않은 것도 사실이다. 그러나 정부와 여당이 야당의 지적처럼 북한의 이번 대화 요구를 남북 긴장 완화의 계기로 만들지 못한다면 또 다른 한반도 위기를 감수해야 할 수도 있다.

북한은 2009년 기준으로 기아 인구가 750만 명에 이르는 등 경제적으로 어려움을 겪고 있다. 북한의 입장에서 이를 타개하기 위해 중국, 러시아 등 북한의 오랜 우방은 물론 한국과의 관계 개선이 필요하다. 이번 북한의 대화공세는 그런 의미에서 MB정부에 대북 정책의 시험대가 될 것으로 보인다. 민족 화해와 통일의 길을 모색하는 전환점이 마련되기를 기대한다. 2010. 9.27

통일세 제안과 통일정책의 향후

이명박 대통령은 광복절 기념식 경축사에서 통일세 문제를 공식적으로 언급했다. 광복을 기념하고 국가의 미래 비전을 밝히는 자리에서 통일세를 언급하고 실천의 필요성을 강조한 것은 분단을 넘어 통일로 가기 위해 준비가 있어야 한다는 대통령의 인식을 보여준 것이다. 대통령의 언급으로 통일에 대한 논의는 통일세 신설을 중심으로 활발하게 진행될 것으로 보인다.

하지만 통일세 제안은 논란을 불러일으켰다. 우선 북한에 대한 남한의 흡수통일로 비춰질 소지가 있어 북한을 자극할 수 있는 내용이라는 주장이 제기됐다. 남북교류협력기금을 3%정도밖에 쓰지 못하는 상황에서 세금을 신설하자는 제안은 선뜻 이해하기 어렵다는 견해도 제기됐다. 또 재정 적자를 줄이고 경제를 활성화해 통일비용을 부담할 수 있는 능력을 높이는 것이 먼저라는 의견도 있다. 현 정부의 대북 강경책을 비판하고 수정을 촉구하는 의견이 대부분이었다.

통일세 이슈는 통일에 필요한 비용을 미리 적립해 통일이 되었을 때 경제적 충격을 최소화한다는 측면에서는 긍정적이다. 그러나 세금 부담과 북한을 자극할 우려가 있다는 측면에서는 부정적 요인으로 작용한다.

이명박 대통령의 통일세 발언 이후 현 정부의 대북정책을 놓고 이념적 대립이 격화될 조짐도 있다. 남북협력기금을 제대로 사용해 남북화해협력의 길이 정상적으로 열린다면 통일비용을 줄일 수 있다는 입장과 북한의 체제 불안정으로 통일이 앞당겨질 경우에 대비해 지금부터 통일비용에 대한 논의를 시작해야 한다는 주장이 맞서고 있는 것이다.

통일세 논의에서 중요한 것은 이를 감당해야 하는 국민의 의사
이다. 통일세를 감당할 국민의 능력과 의지가 있을 때 논의는 진
행될 수 있다. 따라서 국민의 동의를 구하는 것이 우선이다. 국민
에 대한 설득과 동의 절차 없이 통일비용을 국민에게 부담을 지
운다면 또 다른 갈등이 일어날 가능성이 크다. 따라서 통일세를
신설하기 위해서는 먼저 통일비용을 최소화하는 방안을 객관적
인 조사를 통해 마련해야 한다. 또 통일 시나리오의 개발에 대한
연구도 진행할 필요가 있다.

통일세 문제가 제기된 만큼 이제는 통일에 실질적으로 대비하
기 위해 여러 가지 방안이 마련되어야 한다. 북한의 국지적 도발
을 차단하기 위한 긴장완화 방안을 마련해야 하고 그동안 제한되
었던 민간 차원과 인도적 차원의 남북교류를 재개하는 방책도 강
구해야 한다. 통일세 제안에서 한 걸음 더 나아가 햇볕정책과
MB의 대북 실리 외교를 넘어서는 통일정책을 마련할 때라는 점
도 인식할 필요가 있겠다. 2010. 8.20

가시지 않은 이산가족의 슬픔

2010년 11월 5일 남북 이산가족 상봉행사가 끝났다. 통산 18번
째이자 현 정부 들어 두 번째 열린 이번 이산가족 상봉은 상봉을
정례화해야 한다는 필요성을 다시 한번 일깨웠다. 2000년 남북

정상회담을 계기로 시작된 이산가족 상봉은 이번까지 4천 가족에 불과하다.

아직도 8백만 명이 넘는 이산가족이 반세기가 넘도록 짧은 만남의 기회조차 갖지 못하고 있다. 특히 상봉을 기다리는 이산가족 가운데 70세 이상의 고령자가 77%나 되고 그 가운데 해마다 3천여 명이 끝내 북에 있는 가족을 보지 못한 채 한 많은 생을 마감하고 있다.

이산가족 상봉행사는 이산가족의 애타는 기다림에도 불구하고 사실상 남북의 정치적 이벤트 수준에서 벗어나지 못하고 있을 뿐이다. 그동안 이산가족 상봉의 규모와 횟수를 늘리는 것은 둘째 치고 다음 번 상봉 일정조차 잡지 못하고 있는 게 현실이다. 지난 10월 25일 열린 적십자회담에서 남북이 이산가족 상봉 정례화를 논의하기로 했지만 전망은 그리 밝지 않다. 상봉 기회를 늘리는 데는 양측이 의견 접근을 이루었으나 횟수나 조건에서 견해차가 심해 합의점을 찾지 못했기 때문이다. 남측은 겨울철 3개월을 제외하고 매월 100가족씩 상봉하는 것을 정례화하고 이미 만난 이산가족의 재상봉을 제의했으나 북측은 연 3~4차례 정도의 상봉 정례화를 제시하고 쌀과 비료의 지원과 금강산 관광 재개를 조건으로 내걸었다.

이산가족 상봉은 금강산 관광 재개나 식량·비료 지원 문제와는 별개의 사안으로 함께 다루기에 적절치 않은 문제이다. 그렇다고 또 우리 정부가 금강산 관광 재개는 천안함 사건과 관련이 있고 식량·비료 지원은 정치적 차원에서 결정할 문제라는 입장만 고수한다면 이산가족 상봉 정례화는 돌파구를 찾기 어려워 진다. 정부는 지금까지 기회가 있을 때마다 이산가족 상봉 정례화를 요구했으나 그에 상응하는 행동을 보여주지 못한 점이 없지 않다. 현 정부 들어 이산가족 상봉은 단 두 차례, 그것도 북측의 제의로 이루어졌다. 현 정부가 이산가족 문제에 대해 치열하게 접근하지 않고 있다는 오해를 불러올 소지가 크다.

현 정부 들어 이산가족 상봉 문제를 논의하기 위해 몇 차례 당국 간 실무 접촉과 적십자회담까지 가졌으나 모두 일회성 회담으로 끝나고 말았다. 남북관계가 경색된 상태이다 보니 실무자급 접촉으로는 상봉 문제를 진전시키는 데 어려움이 있었던 탓이다.

정부는 이산가족 상봉 문제에 대해 진정성을 갖고 보다 적극적으로 다가서야 한다. 우선 남북의 접촉 수준을 격상시켜 관계 개선을 모색할 필요가 있다. 고위급 회담이나 정상회담 등을 추진하여 이산가족 상봉 문제에 합의하면 실무 접촉은 어렵지 않게 진전될 수 있을 것이다.

식량과 비료 지원은 남북의 상황과 국제사회의 분위기를 고려해야 할 부분이 없지 않지만 이산가족의 아픔과 생존의 위협을 받고 있는 북한 동포들을 생각할 때 전향적인 검토가 요구된다. 지원물품이 군사적으로 활용될 수 없도록 하는 방안을 마련하고 북한에 역제안을 해서라도 인도주의 차원의 지원은 필요하다.

　이산가족 상봉을 정례화하는 것은 경색된 남북관계를 풀고 신뢰를 쌓을 수 있는 계기가 된다. 남과 북이 적극적인 자세로 이산가족 상봉 문제를 다루기를 기대한다.　2010.11. 8

‘연평도 포격’과 대북정책의 ‘원칙’

　2010년 11월 23일 북한은 서해교전이나 천안함 폭침을 뛰어넘는 충격적인 연평도 포격 도발을 감행했다. 군인은 물론 민간인 희생자까지 발생한 사상 초유의 포격 도발 앞에 국민은 참을 수 없는 분노를 느꼈다. 그동안 온갖 도발에도 불구하고 북한 동포를 위해 양보하고 평화적 대화와 협력의 길을 모색해 온 대북정책은 연평도 포격으로 휴지가 되고 만 셈이다. 국민 대다수가 재발 방지는 물론 보복 타격의 필요성을 제기해 남북 간 긴장은 극에 달했다.

　북한은 최근 김정은의 3대 세습체제를 다지기 위해 안으로는 공포정치를, 밖으로는 국지전을 도발해 내치의 수단으로 삼는 행위를 서슴지 않고 있다. 포격 이후에도 남한의 군사적 도발이 원인이라고 생떼를 쓰고 있다. 한미연합 군사훈련을 재개할 경우 서울을 불바다로 만들겠다는 엄포도 불사한다. 이제 이명박 대통령과 정부는 북한에 대해 원칙적인 대응을 해야 한다. 북한의 군사적 도발에는 단호하게 대응해야 한다. 남한을 상대로 무력 도발에 나서지 않겠다는 보장도 반드시 받아내야 한다.

　북한은 주민을 볼모로 원조를 요구하는 전략을 구사하고 있다.

그러나 연평도 포격은 식량난에 시달리는 북한 주민에 대한 우리의 연민의 정마저 짓밟았다. 북한은 연평도 포격의 책임을 남한에 돌려 스스로 믿을 수 없는 존재라는 사실을 드러냈다. 북한에 대한 응징이 정의라는 사실은 명백해진 것이다.

북한의 연평도 포격 과정에서 보여준 이명박 대통령과 안보관련 보좌진, 군 당국의 대응은 반드시 보완되어야 한다. MB정부가 김대중 정부나 노무현 정부와 달리 햇볕정책 대신 대북 제재와 실리 외교를 펼쳐 왔던 점을 감안할 때 도발에 안이하게 대응한 것은 사실이다. 천안함 폭침을 경험하고도 교전수칙 수준에도 못 미치는 군사적 대응을 한 것은 문책받아 마땅하다. 더욱이 K-9 자주포에 의한 반격은 목표지점을 크게 벗어나 상대에게 타격을 주지 못한 것으로 밝혀져 충격을 주었다. 연평도를 비롯한 도발 예상 지역에 군사시설을 추가 설치하고 무기를 보완하는 대책이 뒤따라야 한다.

물론 북한이 또 다시 우리에게 대화를 제의할 가능성도 없지 않다. 외교적, 경제적으로 벼랑 끝에 몰려 이를 타개하기 위해 고위급 회담을 제의하고 대화와 협력을 요구할 것이다. 그러나 천안함과 연평도 도발사태에 대한 책임 있는 조치와 재발 방지 약속을 받아내지 않고는 그들의 제의를 받아들일 수는 없다.

우리는 종잡을 수 없는 폭력 집단을 상대하고 있다는 생각을 지울 수 없다. 정상적인 국가가 폭력 집단을 상대해야 하는 형국이다. 더이상 국민의 희생이 있어서는 안 된다. 남북관계에서 군사적 도발은 절대로 허용되어서는 안 된다는 것이 대북정책의 '원칙'이다. 2011. 1.13

대북 인도적 지원의 딜레마

인도적 차원의 대북 지원이 크게 줄면서 북한 식량 사정이 크게 악화된 것으로 알려졌다. 유엔 산하 인도조정국 존 나가 공보담당관은 "올 들어 지금까지 국제 사회가 인도적인 차원에서 북한에 지원한 총 금액은 약 3천730여 만 달러로 지난해 같은 기간의 4천500여 만 달러와 비해 800여 만 달러가 부족하다."고 밝혔다. 지원 국가도 한국, 이탈리아, 독일, 프랑스, 네덜란드 등 14개 국가에서 7개 국가로 줄었다. 이 때문에 올해 대북 지원액 절반 이상은 유엔 중앙긴급구호기금CERF을 통해 마련한 것으로 알려졌다.

식량·의료·식수·교육 등의 사업을 북한에서 직접 펼치고 있는 유엔아동기금UNICEF의 모금액도 목표액 1천300만 달러에 턱없이 모자란 450여 만 달러에 불과하다. 사정이 이렇다보니 유엔 세계식량계획과 식량농업기구는 지원 목표의 4분의 1밖에 공급할 수 없는 상황이라고 밝히고 있다.

그동안 김대중, 노무현 정부 시절 10년 동안 8조 원이 넘는 인도적 지원을 받았던 북한이 이명박 정부 들어 지원이 크게 줄고 북한 내부 상황이 악화되면서 심각한 지경에 이른 것이다. 지난달 남북적십자 실무 접촉에서 북한은 남한 정부에 식량 10만 톤 지원을 요구한 것으로 알려졌다. 정부는 고작 옥수수 1만 톤을 지원하겠다는 통지문을 북한에 보냈으나 북한은 2주가 넘도록 답변이 없다.

▲ 남북통일을 위한 세계대학생 총회에서

▲ 독일 베르린 브란덴부르크 문앞에서

이명박 정부는 지난해에도 옥수수 5만 톤을 지원하겠다고 밝혔다가 거부당한 적이 있다. 북한 정부 입장에서 김대중, 노무현 정부에 비해 매우 적은 양의 지원이라서 자존심이 상한 것인가. 북한 인민이 굶주리고 있을 터인데 그런 상황에서도 남한 정부 처사를 못마땅해 하는 것 같다.

남한 정부의 통지문에 묵묵부답인 것과 달리 북한은 우리 민간단체들에게는 긴급지원을 요청하고 나섰다. 민족화해협력범국민협의회(민화협) 관계자들은 우리 민간단체에 '50톤~100톤이라도 좋으니 지원해 달라'고 요청했다고 밝혔다. 우리 정부에 대해서는 민감하게 대응하면서도 민간단체들에게는 식량을 달라고 호소하고 있는 것이다.

대북 지원 민간단체들은 이에 대해 팔을 걷고 나섰다. 이미 6천 200톤을 지원한 우리민족서로돕기운동은 올해 말까지 1만 톤 지원을 목표로 모금 운동을 벌이고 있다. 굿네이버스 인터내셔널과 국제옥수수재단도 지원에 힘을 쏟고 있다. 그러나 민간차원의 지원으로 북한의 식량 위기를 해소하는 데는 한계가 있다.

남북 화해와 긴장 완화 그리고 북한 식량위기 해소를 위해 남과 북이 정부 차원에서 신뢰할 수 있는 대화를 시도해야 할 때인 것 같다. 국내에서는 북한이 그랜드바긴 정책 등을 비롯한 남한 정부의 대북 거래 방식을 이해해야 한다는 의견도 적지 않다. 북한이 핵무기 등 안보 문제의 해결 없이 대량 지원이 불가한 상황을 인지해야 한다는 것이다. 따라서 적은 양의 지원이라도 받아들이는 자세를 갖추라는 주장도 나온다.

반면 유례없는 풍년으로 쌀 재고 물량이 늘고 쌀값이 하락하는 현실을 감안해 농민단체를 비롯한 각계에서 대북 쌀 지원을 요청하고 있다는 측면을 고려해야 한다는 의견도 있다. 북한은 극심한 식량난을 겪고 있고 세계식량계획이 우리 정부에 식량 지원을 4차례에 걸쳐 요청했는데도 우리 정부가 이를 거절한 것은 문제가 있다는 지적도 있다. 남북 사이의 교류와 협력을 증진하기 위해 우리 정부가 농민의 문제를 해결하고 인도적 차원에서 북한을 돕는 일거양득의 지원정책을 펴줄 순 없겠느냐 것이다.

지켜보고 있는 국민들도 안타깝기는 마찬가지이다. 한 핏줄, 한 형제 국가인 남한과 북한 사이가 이처럼 소통이 어려운 현실을 국민은 애타는 마음으로 지켜보고 있다. 남북통일을 위해 한 걸음 더 전진할 수 있는 남북관계를 기대한다. 2009.11.13

국제평화외교와 평화협력의 길

국제사회 지도국의 위상 확보

한국은 서울 G20 정상회의를 성공적으로 개최했다. G20 정상회의가 서울회의를 통해 세계경제 협력을 위한 최상위 협의체 Premier Forum로 뿌리를 내렸다는 평가를 받았다. 정상회의에서 각국 정상들은 지속가능한 균형성장을 위해 서울 액션 플랜Seoul Action Plan을 도출했다. 또 중국 위안화와 미국 달러화 사이에 벌어진 환율 전쟁을 막을 정책 공조 방안도 이끌어냈다. 소수의 선진국 중심의 국제금융기구 운영시스템도 신흥개도국과 그 이하 국가를 배려하는 체제로 개혁하자는 데 의견의 일치를 보았다. 그동안 강대국 중심의 정상외교 패러다임을 대폭 보완하는 장이 마련된 것이다.

각국 정상들은 개도국 빈곤 해소와 개발격차 해소를 위한 '서울 개발 컨센서스'를 마련하고 개도국의 역량을 강화하기 위해 지속가능하고 복원력 있는 성장을 지원하기로 합의했다. 이를 위해 인프라 구축, 식량 안보, 개발지식 공유 등 성장을 지원하는 핵심 분야별 사업을 담은 '다년간 개발 행동 계획'도 채택했다.

정부는 서울 G20정상회의가 그간 국제사회가 고심해 온 환율 문제, IMF개혁, 개도국 발전지원 등 핵심 문제를 풀어낼 수 있는 장이 되었다고 평가했다. 특히 한국이 선진국과 개도국의 가교로 글로벌 경제의 아젠다 설정자로서 국격을 높이는 계기를 마련했다는 점에 큰 의미를 부여했다. 정부의 평가에 동의한다. 남은 문제는 한국의 외교적 위상을 지속적으로 유지하고 발전시키려는 노력이다.

서울 G20정상회의에 이어 일본에서는 APEC 정상회의가 열렸다. 일본은 이 회의에서 환태평양경제동반자협정TPP 참여를 공식 선언했다. 동아시아 경제가 중국 중심으로 재편되는 추세를 견제하고 환태평양국가들과 개혁 · 개방 · 협력활동을 벌이겠다는 의지를 천명한 것이다. 일본의 선언은 미국 등 APEC 주요 국가로부터 환영을 받아 일본이 정상회의를 주도적으로 운영했다

▲ 세계일보가 주관한 세계정상회의에서(1994. 3. 26~29)

는 각국의 평가를 받는 계기가 됐다.

　일본의 성과와 비교해 서울 G20정상회의에서 한국이 주도적으로 역할을 담당했던 이슈가 있었던 것은 아니다. 협상을 주도하는 외교 역량과 위상을 높이는 데 부족한 부분이 없지 않았다. 글로벌 차원의 외교적 이슈를 설정하고 주도하는 역량을 갖추기 위해 좀 더 노력해야 하는 이유가 여기에 있다.

　북한과의 지정학적 리스크뿐만 아니라 미국, 중국, 러시아, 일본 등 강대국으로 둘러싸인 한국이 국제사회에서 리더의 역할을 하기 위해 필요한 것은 외교력이다. 외교력은 강대국 사이에서 동반자적 협력과 균형을 유지하며 실리를 추구하고 중재 역할을 담당할 수 있는 힘이다.

　제3세계 국가들을 지원함으로써 국가의 도덕성을 인정받고 신뢰를 심어주는 것도 필요하다. 제3세계 국가까지 아우르는 균형 잡힌 외교는 한국 외교의 지평을 넓히는 길이다. 개방과 창조를 지향하는 능동적인 외교 정책이 이러한 외교를 가능하게 한다.

2010.12.21

재외국민 안전은 국가의 책무

　정부는 유엔 안보리 결의와 아프가니스탄 정부의 요청에 따라 아프가니스탄의 재건과 복구를 지원할 대한민국지방재건팀PRT을 보호하기 위해 국군 부대를 아프가니스탄 파르완 주에 파견했다. 최초 파견 병력은 PRT 보호병력 310여 명과 대사관 경계 병력 10여 명 등 320여 명이었다. PRT는 아프간 내 1개 주에 머물면서 지방정부의 행정을 돕고 경제 재건, 사회시설 건설, 인도적 지원 활동을 펼친다. 파견부대는 자위권 차원에서 PRT 주둔지를 경계하고 PRT 요원들의 외부활동을 호송 및 경호하는 임무도 수행한다.

국방부는 적대세력의 로켓·박격포, 급조폭발물IED 공격에 대비해 PRT요원과 장병 보호를 위해 장갑차량과 기관총이 탑재된 블랙호크UH-60 헬기를 이용하고 방탄조끼와 조준경이 부착된 개인화기, 야간 투시경으로 무장했다. 주둔지 경계를 위해 군견, 폭발물 탐지기, 무인정찰기UAV를 운용키로 했다. PRT는 민간인 100여 명, 경찰 40여 명, 군 병력 350여 명 등 500명으로 구성됐다.

그러나 정부 발표에 우려하는 국민도 없지 않다. 이미 한국은 2002년 아프가니스탄에 의료와 공병 부대에 200여 명을 파견했다가 2007년 말 모두 철수했다. 가장 큰 철수 이유는 2007년 7월 한국인 선교단원 20명이 무장 반군 세력에 납치돼 일부가 살해되는 사건이 발생하는 등 국민의 안전문제 때문이었다. 파병은 국민의 걱정에도 불구하고 한미동맹의 강화, 국제평화 기여 등 국제사회에서 국익을 고려한 힘든 선택이었다. 세계 10위권의 경제력을 갖춘 한국이 원조로 성장했던 과거를 기억하고 세계문제 해결에 동참할 때 리더십이 발휘될 수 있는 기회이기도 하다. 문제는 최근 아프가니스탄의 치안이 불안하다는 점이다. 미군은 물론 프랑스 등 지원국의 희생이 늘고 있는 상황이다. 김태영 국방 장관은 국회 인준 과정에서 "파병 시 교전이 불가피할 수 있고 희생도 각오하고 있다."고 말했다. 전투병, 비전투병의 구분이 없고 파견 초기부터 공격을 받아 철군해야 하는 상황이 벌어지면 파병 취지도 살리기 어려울 것이다. 철군할 때까지 안전 문제가 최우선이다.

아프가니스탄에는 미군 6만8천여 명을 비롯해 40여 개국에서 파견된 병력이 10만 명에 이른다. 그러나 탈레반 등 무장 세력과 전투가 치열해지면서 각국에서 파견된 PRT의 안전을 보장하기가 매우 어려운 상황이다. 파병이 서방세계의 정책에 동참하는 내정간섭이라는 이슬람권 국가들의 불만 어린 심정을 자극하게 되면 중동외교에 어려움이 가중될 수도 있다.

아프가니스탄 파병은 아프가니스탄뿐만 아니라 서남·중앙아시아에 머물고 있는 재외국민들의 안전 문제로까지 이어질 수 있다. 아프가니스탄과 파키스탄 등 내전이 치열한 지역의 테러 집단이 한국을 적대 세력으로 인식하게 되면 우리 역시 납치, 테러의 대상이 될 위험도 배제할 수 없다. 재외국민에 대한 안전 조치도 외교통상부 차원에서 치밀하게 수립해야 한다. 2009.11.27

'딩굴이'의 마무리 다짐

"세 살 버릇 여든까지 간다."고 했습니다. 예부터 전해 오는 이 속담은 사람의 성격 형성에 대한 조상들의 예리한 통찰이라는 생각이 듭니다. 어린 시절에 부모님과 주변 어른들이 내게 붙인 '딩굴이'라는 애칭은, 지금 생각해 보면 지금까지 살아오는 동안 내 삶을 지탱해 온 의지와 집념의 다른 표현이 아닐까 싶습니다.

책의 맨 앞부분에서 별명 '딩굴이'의 유래를 간단히 설명했듯이 어려서부터 내 요구가 받아들여지지 않으면 집에서나 동네 어디에서나 마구 뒹굴면서 내 뜻을 끝까지 고집했습니다. 부모님으로서는 이런 고집투성이 아들이 걱정스러웠겠지만 한편으로는 사내다운 면으로 받아들였던지 크게 나무라지도 않으셨던 것으로 기억됩니다.

결국 '딩굴이' 기질은 내 삶을 떠받치는 정신적 기둥이었다고 할 수 있습니다. 성장 과정에서 성격화되다시피 한 '딩굴이' 기질 덕분에 나는 옳다고 생각하는 일에 대해서는 그것을 추진하는 과정에서 부닥치는 어떤 난관이나 시련에도 강한 의지로 맞서 왔습니다. 내가 스스로 지켜야 할 가치에 대해서는 어디까지나 '딩굴이'의 자세로 혼신의 힘을 기울인 것입니다.

책의 편집이 마무리되어가는 시점에 때마침 추석 연휴가 시작됐습니다. 해마다 추석 명절이 되면 우리는 고향이라는 공동체에서 인정을 나누고 풍성한 오곡의 결실을 안겨준 하늘과 조상님께 감사드립니다. 그러나 명절일수록 오히려 상대적으로 더욱 소외감을 느껴야 하는 사람들이 있습니다. 우리나라에 이주해 온 다문화 가정의 주부들이 바로 그들입니다. 말과 풍습이 다른 낯선 땅 대한민국에서, 그분들이 온 정성과 사랑으로 힘들게 꾸려가는 다문화 가정이야말로 편견 없는 세상을 만들어가는 데 있어 가장 소중한 자산이 됩니다.

추석 연휴를 맞아 고향 집에서 《'딩굴이'가 꿈꾸는 세상》이라는 첫 저서의 맺음말을 쓰면서 저는 무엇보다 먼저 다문화 가정의 추석맞이를 생각합니다. '딩굴이'인 내가 꿈꾸는 세상엔 다문화 가정의 희망과 행복도 큰 몫을 차지하고 있기 때문입니다. 다문화 가정에 대한 진정한 포용과 온정의 손길이야말로 우리나라를 말 그대로 '아름다운 나라'로 만드는 길의 하나라고 굳게 믿고 있습니다. 앞으로 제가 어떤 사회적 위치에 있건 간에 오랫동

안 해왔던 대로 다문화 가정에 대한 관심과 지원 활동은 내 평생
의 과업으로 이어질 것입니다. 책 발간을 계기로 이를 거듭 다짐
합니다.

　부족한 내용의 책을 읽어주신 독자님들께 깊은 감사의 인사를
드립니다. 책의 1부에 기록된 제 삶의 족적은 자랑할 것 하나 없
지만 그렇다 하더라도 단지 열심히 살아왔다는 사실만은 인정받
고 싶은 것이 솔직한 심정입니다. 짧은 지식으로 쓴 2~3부의 시
평들에 대해 독자님들의 기탄없는 비평이 있으시다면, 그것만으
로도 저자로서는 큰 기쁨과 보람이 되겠습니다.

2011년 추석연휴에 청원 고향집에서

손 병 호 삼가 씀

'딩굴이'가 꿈꾸는 세상

글쓴이 · 손병호
펴낸이 · 임형오
펴낸 곳 · 미래문화사

초판 인쇄 · 2011년 10월 31일
초판 발행 · 2011년 11월 5일

등록 번호 · 제1976-000013호
등록 일자 · 1976년 10월 19일
주소 · 서울시 용산구 효창동 5-421
전화 · 715-4507 / 713-6647
팩스 · 713-4805

E-mail · mirae715@hanmail.net
홈페이지 · www.miraepub.co.kr
ⓒ2011, 미래문화사
ISBN 978-89-7299-398-8 13040